尼爾・艾歐 & 李茱莉——著
陳映竹——譯

專注力協定

史丹佛教授教你消除逃避心理，自然而然變專注。

INDISTRACTABLE

How to Control Your Attention and Choose Your Life

NIR EYAL & JULIE LI

佳評如潮

時間管理就是痛苦管理

「未來的世界會有兩種人：一種是讓自己的注意力和生活都被他人所控制和綁架；另一種人則是可以驕傲地說自己『心無旁騖』。」

我常進行演講活動，偶爾幫學生上課，常跟不少朋友討論 3C 成癮的議題，上面這句摘自書中的話，對照我的體會，讓我深表認同。多少人的大把時間，是在自己所認為的「殺時間」的活動中度過。時間殺多了，實踐自己生命意義的資源就少了，間接等於在殺自己的生命。

更不用說，很多「殺時間」的活動，近乎無意識地執行。殺完時間，常累積了滿身的疲憊，短期便能看到眼壓升高、肌肉酸痛、失眠的症狀，長期來說會累積身心壓力導致疾病，這又接近直接殺自己的生命了。

這本書是使用「分心行為」來指稱用來殺時間的活動，顯然，分心行為還會影響人際關係。譬如說，我們因為專注在手機上，而減少了跟親愛的家人互動的時間，即便是面對面聚餐吃飯，正是要好好談心的場合。

「分心，是想要逃離正在做的事。」

其實我們常常用分心行為來逃離自己，分心行為的其中一個用處，是我們用來應對內在不適感的一種方式。如果我們逃離自己，而不是接近自己，那麼，不只身心健康，還有工作效率，以及人際關係，幾乎是全面性都會受到影響。

「唯有了解自己的痛苦，才能開始控制並且找出更好的辦法來處理負面的衝動。」

很有趣的是，作者從大眾關心的議題切入，繞了一大圈，討論到我常常談到的身心安頓，然後是覺察觀照，這些比較抽象的概念。我自己常會提到「靜心」，這是一個練習專注的過程，方式有很多種，實際做法可以很簡單，包括聚焦五感，注意眼耳鼻舌身的感官輸入，讓飛馳的意念稍事歇息。

「時間管理就是痛苦管理。」

作者的用字真是精準，言簡意賅又切中核心。而認清這一點，是通往心無旁騖這條路上的重要步伐。

因此這本書介紹近年流行的「正念」，也就不意外了。這不僅僅在以往是宗教的儀式或修身養性的訓練，在現代已經發展成經過充分科學驗證的心理治療技巧，幫助人緩解痛苦，也有提升專注力的效果。

這本書回到內在對話，教人自我疼惜，所以看了這本書，除了提升專注力，還能讓心情穩定平靜。此外，藉著辨識操之在己的事，投入去做，可以增加我們的掌控感。

「我們能夠掌控的唯一一件事，就是我們投入一項任務的時間。」

在對照我們設定的目標之後，分清楚當下我們能做什麼，可以真正去做我們說要做的事。重點在於過程而非結果，結果常常操之在人，但過程可以好好按部就班地進行，一步一腳印。

這本書的架構清楚，引證有據，而且具體可行。我很期待這本書上市，我想要跟讀者好好分享這本書的精華，能在兼顧效率的同時，又不讓心理失速，能過自由且有意義的生活。

臨床心理師／洪仲清

最貴的資產要上鎖，行事曆不要只塞滿工作

《鉤癮效應》一書的作者尼爾·艾歐（Nir Eyal）這回又推出了精彩大作《專注力協定》，要把我們從容易分心的世界中拉回正軌，找回我們本該展現的生產力，並和家人、好友經營出更穩固、健康的關係。

有沒有哪個下午你本來打算做一件有點重要的事，結果臉書上有位點頭之交的發文引起你的注意，你不自覺地跟他對話，說著說著，你想起另一位朋友可以幫上他的忙，熱情地幫忙打一通電話，接著把他們拉入群組促成彼此認識，結果一個半小時過去了，你本來計畫該做的事沒做完（甚至還沒開始做），這下可好，要不得熬夜，要不得放棄一件本來該做的事。

用保險箱保管珠寶戒指，但最貴的資產卻沒上鎖。

《不懂財報，也能輕鬆選出賺錢績優股》一書作者林明樟曾分享，很多人出國前買一張國外上網用的 sim 卡時，會花好幾個小時比較同質商品的優缺點，但是要買貴上千倍、百倍以上的個股股票時，考慮的時間往往沒有幾分鐘。

而本書引述哲學家塞內卡之言，分析人們在保護個人財產時小心翼翼且斤斤計較，但說到時間，卻又揮霍奢侈地任它流逝。塞內卡說：「這是唯一一樣東西，應該正大光明地保持吝嗇小氣的態度。」

因為不是只有老人家的生命在倒數，你我從出生後都處在倒數狀態，以國人平均餘命來說，我只剩下三十一萬五千個小時就要離開人世。

塞滿你的行事曆，但不是在行事曆上塞滿工作。

作者提倡「讓行事曆上完全沒有空白」的方法以規劃時間。我們可以在一週或一天之初烙下自己的時間模板，讓自己知道「你要做什麼」以及「什麼時候要去做」，個人偏愛使用 Google 行事曆搭配用 Evernote 建立的 Checking List。

沒有空白並不表示要把自己的行事曆塞滿工作，反而是在行事曆上間歇安排工作與休息，讓自己不致於彈性疲乏，也不會不自覺地揮霍時間。譬如九十分鐘的工作之後，就允許自己十分鐘漫無目的地滑手機或翻閒書、做雜事，但工作期間就不做工作以外的事，有些人在時間管理上努力進行數位排毒之所以會失敗，因為他沒意會到「毒」不是只來自數位產品，你的心態如果不正確，任何其他無關網路科技的分心行為，都會干擾既定工作。

譬如白天有六個小時留給工作，傍晚有一個小時留給ＰＳ４遊戲《全境封鎖２：紐約軍閥》，如果那六個小時之間有接觸ＰＳ４，那就是偏離正軌，如果在傍晚玩一小時ＰＳ４，別擔心，你沒有浪費時間，你正處於善用時間的軌道上，這一個小時的玩樂是你工作之餘理所當然的休息，套一句書中說的：「你規劃好要浪費的時間，就不能算是浪費時間。」

你的行事曆就是你和自己訂定的人生契約書。

這本書給我的最大啟發就是行事曆的內容，絕對不是隨興而至，得以任意更改。沒有受到這些提醒前，我總會在行事曆上的閱讀時段，允許自己分心滑個手機，而滑手機的時間往往吞噬了閱讀；或者放任自己，偷偷把做不完的事情往後挪幾天，整體來說，辦事效率七折八扣。

我們應該告訴自己：在行事曆上安排大小事項，都是在訂定契約；我們在預定好的時段做計畫中的事情，是在執行契約內容。

跟重要的親戚朋友若想聚餐，我們可以在談話當下就提出三個時段請對方擇一，確認之後就排進行事曆，讓我們的內心及早意會有這麼一個聚會，我們會期待，會準備那天見面要分享的事情。當然，你可能也遇過對方這麼說，甚至這也有可能是你的台詞：「有空的時候，我們吃個飯」，就改掉這麼說話的習慣吧。

如果要我把本書濃縮成最少的幾個字，應該是這樣：珍惜時間、妥善安排、視為契約、戮力執行。

方寸管顧首席顧問（醫師）／**楊斯棓**

《專注力協定》除了提出現代人太容易分心這個許多人都注意到的問題外，也提出了一個框架和四步驟的解決方法。每章都很容易讀，而綜合起來的確是提供了現代人、尤其是上班族很不錯的參考。我覺得另外一個很有意思的是，除了有很棒的理論分析和實作方式之外，艾歐還在書中最後兩章提出了在職場上該如何達成更有生產力的職場環境，以及在教育上讓現代父母對於在各種閃亮亮的科技產品中教養小孩有明確的建議和自我經驗剖析。很有意思的是，作者另外一本知名著作《鉤癮效應》是專門在分析和討論各種科技服務和產品是如何讓我們養成習慣，這一本某種程度在破除這種不知不覺被養成的習慣，有興趣的讀者不妨搭配一起看，應該會別有一番收穫。

The News Lens 關鍵評論網媒體集團內容長／楊士範

如果你重視自己的時間、你的專注力或是你的人際關係，這本書不可不讀。我正在把裡面的想法付諸實踐。

《好人總是自以為是》作者強納森・海德特

要在科技與身心的安康之間取得平衡，《專注力協定》這本書是最實用也最真實的方法。有智慧型手機的人必讀之書。

《管他的：愈在意愈不開心！》作者馬克・曼森

這本書裡滿滿都是深刻的見解、故事、最新的研究——以及最有幫助的是：具體、容易上手的策略，讓自己可以變得心無旁騖。

《過得還不錯的一年：我的快樂生活提案》作者葛瑞琴・魯賓

世界充滿了噪音，《專注力協定》提供了一個架構，讓你可以獲得成功所需的專注力。

《原子習慣》作者詹姆斯・克利爾

成功與幸福屬於那些可以控制自己注意力的人。尼爾．艾歐的任務是保護你，讓你心無旁騖——而他這本生動的書裡則是充滿了確實可行的辦法。

《給予》與《反叛，改變世界的力量》作者亞當．格蘭特

未來，世界上會有兩種人：一種是讀過《專注力協定》並將裡面的原則拿來實際使用的人，另一種則是相見恨晚，覺得應該早一點讀的人。

「亞馬遜音樂」全球產品長金坦．布蘭哈特

在這個時代心無旁騖是個不可或缺的技能。如果你跳過這本書不讀它，那麼後果自負！我的建議是：讀它。實踐它。重複這兩個動作。

《少，但是更好》作者葛瑞格．麥基昂

這是多麼重要的一本書啊。《專注力協定》是我讀過最棒的一本指南書，讓我們重新找回自己的注意力、集中力以及生活。

我想不到比專心更重要的技能，也想不到比尼爾．艾歐更好的老師了。心無旁騖是本世紀必備的技能。

Thrive Global 創辦人暨執行長、《哈芬登郵報》創辦人雅莉安娜．哈芬登

我這一輩子都在拖延，我深知市面上有多少跟生產力有關的建議，其中真正有用的是多麼微乎其微，《專注力協定》則是個例外。

「法南街」部落格創辦人宣恩．帕里斯

這本書改變了我看世界的方式，其幅度之大超過我近年來讀到的任何一本書，《專注力協定》裡面深刻又可行的見解，讓我每天花在電子郵件上的時間整整減少了百分之九十。

WaitButWhy.com 網站作者提姆．厄本

《聰明捷徑》作者申恩．史諾

在分心的時候，《專注力協定》讓我們回到該去的地方：主導生活的駕駛艙。

《螢幕兒童》作者安雅．卡曼尼茲

《專注力協定》會幫助你在一個愈來愈讓人分心的世界裡，讓你可以充分利用時間，並且找到心裡的平靜與生產力。

馬瑞茲旅遊公司行為管理長夏綠蒂．布蘭克

讓自己一頭栽入這本書裡吧。《專注力協定》是一本迷人的、視覺的、極有幫助的指南，教你克服分心的方法。你在這本書裡面挖得愈深，就會變得愈有生產力。

《極度專注力》作者克里斯．貝利

《專注力協定》有滿滿的智慧和幽默。對於身處現代世界中的每一個人，都很值得一讀。

自我決定理論共同創立者理查．M．萊恩

尼爾．艾歐從內部去理解現代的專注科技，這本書非常實際而且出版的時機恰恰好，書裡他分享了許多祕密，讓你可以重新掌握並持續專注力，並用在重要的事情上。閱讀這本書，你的大腦會感謝你。（你的伴侶、孩子和朋友就更不用說了。）

《衛報》專欄作家奧利佛．伯克曼

對任何想要改善思考、工作、生活的人來說，這是一本不可或缺的書。

《障礙就是道路》與《失控的自信》作者萊恩．霍利得

《專注力協定》是無價之寶。忽視這本書的代價，你負擔不起。

《成功不再跌跌撞撞》作者艾瑞克．巴克

跟著艾歐的四個步驟以及有研究根據的模型去做，你將能夠控制你的注意力，並且善用現代科技令人驚豔的好處，卻又不會因此分心且身心俱疲。《專注力協定》對於想要在

數位時代做大事的人而言，是一本不可或缺的書。

《就業的終結》作者泰勒．皮爾森

《專注力協定》讓我意識到科技不是讓我分心或讓我難以完成工作的真正原因。這本書徹底改變了我管理時間的方法。我對這本書的推薦溢於言表。所有人都該讀這本書！

Nerd Fitness 創辦人、《生活大升級》（*Level Up Your Life*）作者史蒂夫．坎伯

《專注力協定》是一堂大師級的課，讓你理解分心的根本原因，推薦給任何想要進行更多深度工作的人。

《Deep Work 深度工作力》作者卡爾．紐波特

《專注力協定》對我來說是一個「啊哈！」的時刻，艾歐把學術研究精煉出來，卻又保留了其中的細微韻味，他重視讀者的時間，因此書裡的細節、相關的例子以及實用的策

略，數量恰到好處，不多也不少。

Digital Nutrition 創辦人喬瑟琳・布魯爾

《專注力協定》是所有我讀過的、關於專心的指南書中最完整的一本。這本書對於所有想要空出一些時間，好讓自己的生活更好、更滿足，並且不那麼繁忙的人來說，是一份禮物。

《回到人間》（*Back to Human*）作者丹・蕭貝

獻給 *Jasmine*

目錄

在開始讀這本書之前，記得要去我的網站下載補充資料，你可以在裡面找到免費的資源、下載專區以及我最新的動態：

NirAndFar.com/ indistractable

最重要的是，我希望你使用網站上的練習本，我替每個章節設計了一些練習，目的是要幫你把所學到的內容運用到自己的生活當中。
同時，請注意書裡提到的幾家企業，與我之間並沒有資金上的利害關係，除了我特地指出來的那幾家；而我推薦的產品並未受到任何廣告商的影響。
如果你想要聯絡我，可以透過我的部落格找到我：

NirAndFar.com/ Contact

從《鉤癮效應》到《專注力協定》

在那些首屈一指的科技公司裡，大部分的時候，你可以在他們的書架上找到這麼一本黃皮的書，我在 Facebook、Google、PayPal 和 Slack 都看過。他們會在技術大會或是公司的訓練活動上把這本書分發給大家，一位在微軟工作的朋友告訴我，他們的執行長薩蒂亞・納德拉（Satya Nadella）也有一本，並且將它推薦給全公司的員工。

這本書就是《鉤癮效應：創造習慣新商機》，它曾經登上《華爾街日報》的暢銷書排行榜，在我寫作的這個當下，也依然在亞馬遜網路書店的產品類書籍中名列第一。這本書勉強可以說是一本料理書，書裡包含了一份食譜，用來製作人類行為——你行為上的食譜。這些科技公司知道，要賺到錢，必須讓我們一直回頭找他們——他們的商業模式靠的就是這個。

我會知道這些，是因為過去十年來，我對世界上最成功的幾家公司做了研究，找出是什麼讓他們的產品具有如此的吸引力，背後所採用的心理學，多年來，我也把這些教給未來的領導者們，史丹佛商學院的研究生，以及哈索普拉特納設計學院的學生們。

我寫《鉤癮效應》的時候，是希望新創公司和具有社會關懷的企業能夠採納這項知識，並設計出新的方法，幫助人們養成更好的習慣。何必要讓科技巨擘獨占這些祕密呢？有了讓電玩和社群媒體如此引人入勝的心理學，我們不是應該要利用這項知識，來設計出能夠幫助人們改善生活的產品嗎？

自從《鉤癮效應》出版之後，數以千計的公司使用了這本書，讓他們的使用者能夠自動自發地去建立對他們有幫助的、健康的習慣。Fitbod 是一款健身 app，協助人們去建立更好的運動習慣。Byte Foods 利用連上網的食品儲藏室，提供在地製造的新鮮餐點，藉此試圖改變人們的飲食習慣。Kahoot! 則是研發出軟體，讓教室裡的學習活動更引人入勝、更好玩。[1]

我們想要讓我們的產品對使用者來說更加友善、更容易瀏覽，並且，沒錯！更容易養成習慣。各家公司都讓他們的產品愈來愈令人著迷，這並不一定是個問題——這是一種進步。

但是與此同時，也存在一個黑暗面。就像哲學家保羅・維希留說過的：「發明船隻的同時，也發明了船難。」以對使用者友善的產品和服務而言，讓產品更吸引人、更容易上手的特質，同時也可能讓這些產品更容易造成分心。

對很多人來說，這些分心的行為很可能會失控，並產生一種並非我們自己在做決定的感覺。事實上，現在這個時代，如果沒有具備分心管理的能力，你的大腦就會被一些造成分心並且浪費時間的事情給操弄。

在接下來的幾頁，我會揭露我面對這些讓我分心的干擾時的掙扎，以及相當諷刺地，我是如何被這些東西給鉤住的；但是我也會分享我是怎麼在這場苦鬥中贏得勝利，並且我也會解釋為什麼我們比起任何的科技巨獸都要來得更強大。作為這個產業的圈內人，我知道它們致命的弱點在哪裡——你很快也會知道。

1 我太喜歡 Kahoot! 和 Byte Foods 使用我這本書的方法了，以致於我決定投資這兩間公司。

好消息是，面對這項威脅，我們具備了獨特的能力可以做出調適。我們可以馬上採取行動，去重新訓練並重新掌控我們的大腦；說真的，我們還有其他的選擇嗎？我們沒有時間等待上頭的人行動；如果說你屏住呼吸，等著各家公司讓他們的產品不再如此讓人分心，那麼，你會窒息而死。

未來的世界會有兩種人：一種是讓自己的注意力和生活都被他人所控制和綁架；另一種人則是可以驕傲地說自己「心無旁騖」。打開這本書，你已經踏出了通往擁有自己的時間、自己的未來的第一步。

但是，你才剛要開始，而多年來，你已經被養成了一種習慣，期待獲得即時的滿足；請你把《專注力協定》從頭讀到尾，當成是一項個人的挑戰，讓自己的心智得以解放的挑戰。

治療衝動的解藥是深思熟慮，事前計畫可以保障你後續的跟進，有了這本書裡的技巧，你將準確地學到，從今天起要怎麼規劃你每一天的時間，以及怎麼控制自己的注意力，並自己選擇想要的生活。

第一章
你有什麼超能力？

我很愛吃甜食，也很愛社群媒體和電視。但是，無論我有多愛這些東西，它們也不會在感情上給我任何回饋。餐後過度沉浸在甜蜜的放縱裡、浪費太多時間滑手機、瀏覽貼文、毫無節制地沉迷在 Netflix 裡面直到凌晨兩點：這些都是我曾經做過的事，且是出於習慣、幾乎是毫無意識的行為。

就像吃太多垃圾食物會導致健康問題，過度使用行動裝置也會導致負面的後果。對我來說，我就是這樣讓這些分心行為占據了比我生命中最重要的人還更優先的位置。最糟糕的是，我讓這些分心行為對我和我女兒的關係所造成的影響。她是我們唯一的孩子，對我以及我太太而言，她是這世界上最美好的孩子。

有一天，我們兩個在玩一本兒童遊戲書裡提供的遊戲，這本書的目的是拉近父女關係。第一個活動是講出對方最喜歡的東西，而我們要進行的下一個活動是要用書的其中一頁做一架紙飛機，接著則是一道我們兩個都要回答的問題：「如果你可以有任何一種超能力，那會是什麼？」

我真希望可以告訴你我女兒那時候的回答，但我說不出來。我完全不知道她說了什麼，因為我人在，心卻不在，我雖然身處房間裡，但心思卻在其他地方。「爸比，」她說：「你的超能力會是什麼？」

「嗯？」我含糊地應著：「等一下，我回完這個訊息就好。」我支開她，因為我正專注在我手機裡的某個東西上，我的目光緊緊地黏在螢幕上，手指忙著輸入一些當時看似重要、但是絕對可以等等再做的東西。她安靜了下來，等到我抬起頭的時候，她已經不見了。

可以跟我女兒共度一段魔法般時光的機會就這麼告吹了，只因為我手機裡有什麼抓住了我的注意力。這件事，如果只發生這麼一次，也沒什麼；但如果我說這只是個獨立事件，我就是在說謊了，同樣的場景在這之前已經上演了無數次。

我不是唯一一個人，把分心行為放在比人更優先的位置，先前看過同一本遊戲書的讀者告訴我，他問他八歲大的女兒：她的超能力會是什麼？她說她想要可以跟動物溝通，問她為什麼，那孩子說：「這樣的話，你跟媽媽忙著用電腦沒空的時候，就有人可以陪我說話了。」

我找到我女兒並跟她道歉之後，我下定決心，是時候改變現狀了。一開始，我用了很極端的方法。相信這一切都是科技的錯，我試著進行「數位排毒」，我開始使用老式的翻蓋手機，這樣我就不會禁不起誘惑，去收個信或是打開 Instagram 或是推特，但是我發現，少了 GPS 以及我存在日曆 app 裡的地址，行動實在太困難了，我也很想念走路的時候收聽有聲書，以及其他使用我的智慧型手機可以隨手做到的事。

為了避免浪費時間閱讀過多的網路新聞，我訂閱了一份紙本的報紙。幾個星期之後，我看著電視新聞，身旁堆著一整疊讀都沒讀過的報紙。

為了試圖能夠在寫作時保持專心，我買了一台一九九〇年代的文書處理器，不能連網路。但是，每當我坐下來要寫作，我發現我會開始瞄向書架，並且很快就會開始翻閱跟我工作無關的書。不知怎麼地，就算排除了我認為是問題來源的科技，我依然不停地分心。

「排除網路科技沒有用，我只是用其他的分心行為來代替罷了。」

我發現，要擁有我們所渴望的生活並不只是需要做「對」的事，還需要停止進行那些讓我們分心的、「錯」的事。我們都知道跟一碗健康的沙拉比起來，吃蛋糕對於我們的腰圍造成比較多的傷害；我們也都同意，比起漫無目的滑著社群網站、瀏覽一則又一則的貼文，把時間花在真實的朋友身上要來得更加充實；我們也都懂，如果我們想要在工作上提高產值，我們必須停止浪費時間，並且真的去「做」事，我們都已經知道該做些什麼，而我們不知道的是，要如何才能不再分心？

這五年來，藉由替這本書做研究以及寫作，並且按照你即將學到的那些有科學根據的方法做事，現在的我更有生產力，在身體和心理上也都更加健全，更能夠好好地休息，在人際關係上也比起之前更加圓滿。這本書是關於我在培養二十一世紀最重要的技能時，所學到的心得；這本書同時也是關於我是如何變得心無旁騖，以及你要怎麼變成這樣。

❧ ❧ ❧ ❧ ❧

第一步是認清分心乃源自於內在。在第一部分，你會學到實際的方法，去辨識以及處理那些讓我們偏離軌道的心理不適感。那些已經被反覆咀嚼、老生常談的技巧，我則會避開不談，例如正念認知和冥想。這些方法對某些人可能有效，也已經被翻來覆去地寫在很多書裡了，而你如果正在讀這本書，我猜你已經試過那些方法，並且發現在你身上沒什麼用；比起這些，我們會試著從一個新的角度來檢視，驅動我們行為的到底是什麼，並且我們將會學到為什麼時間管理就是痛苦管理。我們也會去探討，要怎麼讓任何工作或差事都可以愉快地進行——不是透過魔法保母「加上滿滿的一匙糖」那種方法，而是經由培養在所進行的事物上，可以高度專注的能力。

在第二部分中我們會看到，騰出時間做你真正想要做的事有多重要。你會學到為什麼有些事情你無法將其稱作「分心」，除非你知道它是讓你從什麼事情中分心。你將學到怎麼有目的性地規劃你的時間，就算你決定要把時間用來滑手機、看八卦頭條或是讀一本火辣的言情小說也一樣，畢竟，你規劃好要浪費的時間就不能算是浪費時間。

第三部分則是對多餘的外在誘因進行徹底的審查，這些誘因是生產力的阻力，也會降低我們的幸福感。科技公司利用一些提示，像是手機上叮叮咚咚的提示音來駭入我們的行為，然而外在誘因的來源不限於我們身邊的數位裝置，誘因在我們身邊到處都是——從廚櫃裡向我們招手的餅乾，到身旁那些喋喋不休以致於在我們面對一個不能拖的案子時，還處處妨礙的同事。

第四部分裡則有讓你變得心無旁騖的最後一個關鍵：協定。排除外在誘因有助於遠離分心，而協定則是一個有根據的方法，讓我們可以約束自己保持專心，讓我們真的去執行我們說要去做的事。在這個部分，我們會採用預先承諾這個老方法，來迎戰現代的挑戰。

最後，我們會深入地探討，如何才能讓你的工作場所變得心無旁騖、培養出心無旁騖的孩子、擁有心無旁騖的人際關係。最後的這幾章會讓你看到，如何找回工作上消失的生產力、如何與朋友和家人擁有一段更讓人滿足的關係，以及如何成為更好的情人——全部都靠戰勝分心。

歡迎你隨心所欲地翻閱這四個讓你變得心無旁鶩的步驟，但是我建議你循序漸進，從第一部分看到第四部分。這四個模組彼此相互依賴，而其中第一部分是最為基礎的。

如果你是那種喜歡從實例中學習的人，並且想要先看看這些策略的執行狀況，別顧慮，就從第五部分和後面章節開始讀起吧，之後再回到第一到第四部分，來看更深入的說明；同時，你並不需要立即採用每個技巧，因為其中有些可能並不適用於你目前的狀況，而唯有在未來，等你準備好了，或是身邊的環境和條件有所改變，才會用得上。但是我向你保證，等到你闔上這本書的時候，你會有些重大突破，會從此改變你管理分心的方法。

想像一項不可思議的能力，如果你能夠把你的意念和企圖付諸執行，工作的時候會變得多有效率？會多出多少時間可以跟你的家人相處或從事你喜愛的活動？你會變得多快樂？

如果你有不受干擾的超能力，生活會變成怎麼樣呢？

本章一點通

- **我們需要學習如何避免分心**。擁有我們渴望的生活並不只是需要做對的事，還需要不去做那些我們知道自己之後會感到後悔的事情。
- **問題不只是科技而已**。變得心無旁鶩並不代表要變成一個不肯接受新事物的老頑固，而是要理解我們為什麼會做出違反我們最佳利益的事情。
- **該怎麼做**？透過學習並採納四個關鍵的步驟，來讓自己變得心無旁鶩。

第二章

變得心無旁騖

有一個永遠都在分心的人，古希臘人把他神格化了。因此，當某個東西讓人極度渴望卻可望而不可即的時候，我們將其形容為 tantalizing，這裡用的就是他的名字。這個故事是這樣子的，坦塔洛斯（Tantalus）被他的父親宙斯懲罰，被驅逐到了冥府，在那裡，他發現自己在一池淺水中勉強地站立，身旁有一棵樹，樹上的果子已然熟透，在他頭上晃動著。這樣的詛咒感覺還滿慈悲的，但是每當坦塔洛斯試圖摘取果子，樹枝就會移開，永遠都搆不著；當他彎腰想喝口清涼的水時，水就會退去，所以他永遠無法止住飢渴。坦塔洛斯的懲罰就是永恆地渴望，卻永遠得不到。

你得稱讚古希臘人的這些寓言故事，很難再更精確地體現人類的狀況了：我們總是

坦塔洛斯的詛咒——永無止境地追求。

在追求著什麼：更多的錢、更多經驗、更多知識、更高的地位、更多的什麼。古希臘人認為這只是身為一個易犯錯的凡人所背負的其中一項詛咒，於是他們用這個故事來描繪我們永無止境的欲望，以及其所擁有的力量有多大。

引力與分心

想像一條線，這條線代表你一天中所做的每件事的價值，愈往右端，愈有價值，愈往左則是價值愈低。

光譜的右端是引力（traction），這個字是從拉丁文 *trahere* 來的，意思是「牽引；

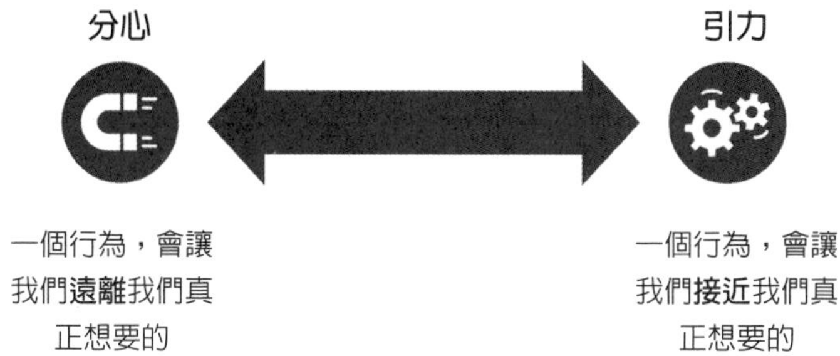
分心
引力
一個行為，會讓我們**遠離**我們真正想要的
一個行為，會讓我們**接近**我們真正想要的

拉」。我們可以把引力想成是生活中牽引我們向前的行動。左端則是分心（distraction），是與引力相對立，一樣從這個拉丁文字根來的，這個字的意思是「把心思拉走」，分心則是干擾我們，讓我們無法向著願景中的人生前進。所有的行為，無論是向引力或是向分心靠近，都是被誘因所驅使，這個誘因可能來自內在或外在。

內在誘因從內部給我們暗示，我們感覺肚子在叫的時候，就會找零食；冷的時候就會找件厚外套來讓自己暖和一些；而當我們傷心、孤單、壓力很大的時候，可能就會打給朋友或是所愛的人來尋求支持。

另一方面，外在誘因則是環境裡的暗

示，告訴我們接下來要做什麼，像是叮叮噹噹的提示音和鈴聲，促使我們去查看一下信件、點開一則新聞快訊或是接個電話。外在誘因也可以是其他的人，像是一個路過我們位子、停下腳步的同事；也可以是某樣物品，像是電視，它的存在本身就足以讓我們產生打開它的念頭。

無論是被內在或是外在的誘因所推動，所產生的行動若不是讓我們靠近更遠大的目標（引力），就是反其道而行（分心）。引力幫助我們達成目標；分心則讓我們離目標愈來愈遠。

當然，挑戰在於，我們的世界充滿了各式各樣的事物，目的就是讓我們分心。如今，大家發現自己跟手機形影不離，但這只是最新型的障礙，自從電視入侵生活開始，大家就在抱怨電視有著讓大腦停止思考的力量。而在這之前，是電話、漫畫書還有廣播，甚至文字的書寫也受到指責，怪罪其創造了「學生靈魂裡的健忘症」，蘇格拉底是這麼說的。雖然有些跟現在的誘餌相比之下，看起來無聊透頂，造成分心的東西從以前就一直確確實實地存在於我們的生活中，以後也會繼續如此。

但是今日的干擾源感覺不太一樣。裝置上可獲得的資訊量、散布的速度、到處都可

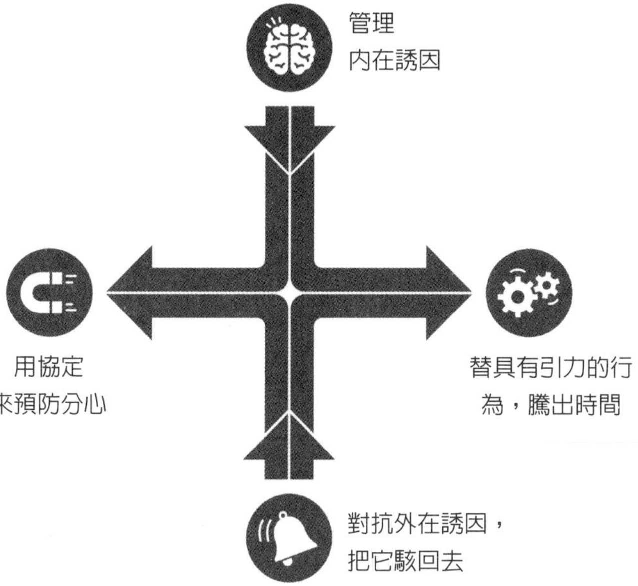

以隨手取得的新內容成為使人分心的三段攻擊。如果你追求的是分心與干擾，這比以前任何時候都更加唾手可得。

分心的代價是什麼呢？

一九七一年，心理學家司馬賀（Herbert A. Simon）就有了先見之明，他寫道：「資訊上的富有意謂其他事物的匱乏……注意力的貧乏。」研究人員告訴我們，專注力和集中力是讓人類擁有創造力並且繁榮發展的基本材料。在自動化增加的年代，最熱門的職缺將會需要具備用創意的方式解決問題，並提出新穎的解決方案的能力，也需要人類高超的智力與獨創力，這需要高度專注於手邊工作才能夠產生。

以社交的層面上來說，我們明白親密的友誼是身心健康的礎石，且有研究指出，孤獨要比肥胖來得更危險，但是如果我們老是分心，當然無法培養緊密的友誼。

考慮到我們的孩子，他們如果無法保持夠長久的專注力來自我耕耘，要怎麼有所成長？當他們看到的不再是關愛的面容，而是老緊盯著螢幕的一顆顆頭頂時，我們正在替他們建立什麼樣的榜樣？

再重新想想坦塔洛斯，他的詛咒到底是什麼？是永無止境的飢渴嗎？並不盡然，如果他停止這種無盡的追求，會怎麼樣呢？畢竟他早已身處地獄，而就我所知，已死之人並不「需要」食物和飲水。

詛咒並不在於坦塔洛斯花費了無窮無盡的時間，去追求注定無法企及的物品，而在於他對自己行為背後更高一層的瘋狂性渾然不覺。坦塔洛斯的詛咒在於他的盲目，他無法察覺從一開始他就不需要那些東西，這才是這個故事真正的寓意。

坦塔洛斯的詛咒也是我們的詛咒。我們不由自主地要去追求看似需要、實則不然的事物。我們不「需要」搶在這一秒查看電子郵件，也不「需要」掌握最新新聞，不論我們覺得這些事有多麼迫切。

幸運的是，我們不像坦塔洛斯，面對欲望，我們可以止步，辨認這些欲望的本質，並且做出處置。我們期待企業能夠創新，以解決我們不斷改變的、總是更進一步的需求，但是我們必須得提出這個問題：更優質的產品真的可以創造更好的自我嗎？讓你分心的東西永遠都會存在，而管理它們是我們的責任。

「變得心無旁騖，意思就是努力地讓自己做到言出必行。」

心無旁騖的人對自己和對他人都一樣誠實；如果你在乎你的工作、你的家庭以及你的身心健康，你必須學會怎樣才能變得心無旁騖。這四個步驟構成的心無旁騖模型是一個工具，讓你可以用新的方法看待這個世界並與其互動，這個工具的功能像是地圖，引導你控制你的注意力和選擇你的人生。

心無旁騖的模型

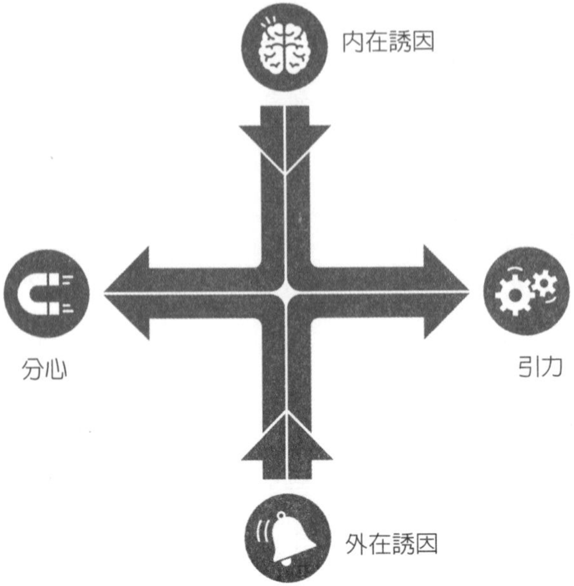

這四個步驟會引導你，讓你變得心無旁騖。

本章一點通

- **分心讓你無法達成目標。**分心可以是任何行為，這個行為會讓你遠離你真正想要的東西。
- **引力帶領你向目標邁進。**引力可以是任何行為，這個行為引領你接近你真正想要的東西。
- **誘因會引發引力也會引發分心。**外在誘因用的是來自你周圍環境裡的暗示，來觸發你的行動；內在誘因則是用來自你心中的暗示，來觸發你的行為。

第一部
管理內在誘因

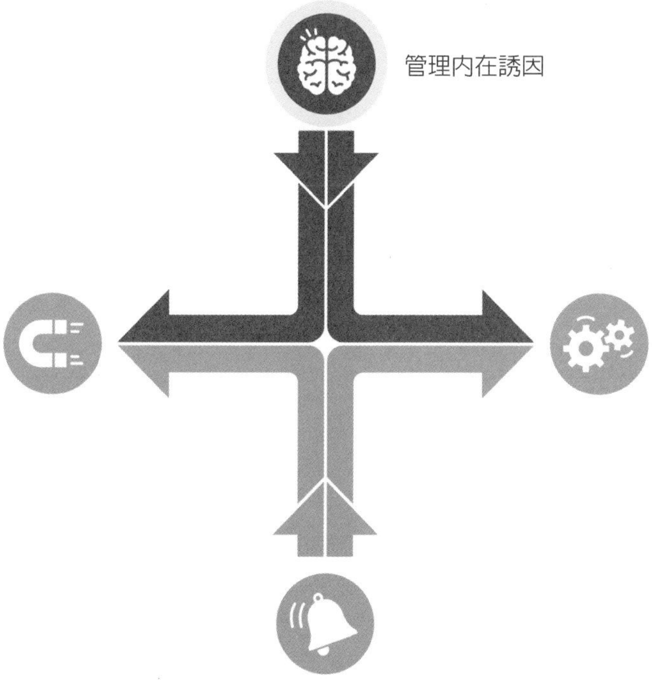

第三章

驅動我們的，到底是什麼？

柔依．錢斯（Zoë Chance），一位在哈佛取得博士學位，在耶魯管理學院任職的教授，在TEDx向觀眾坦承了一項驚人的事實：「我今天要把一切都說出來，這是我第一次用這個方式說這個故事，包含一切不加修飾的、醜陋的細節。二○一二年的三月……我購買了一個裝置，而它即將慢慢摧毀我的生活。」

錢斯在耶魯向未來的領導者們傳授的是改變消費者行為的祕密，儘管這門課的名稱是「掌握影響力與說服力」，錢斯的自白卻揭露了一件事，就是她本人並沒有因此免於被操弄的命運。這一切都始於一項研究計畫，最後卻演變成無意識的強迫行為。

錢斯偶然發現一項產品，這個產品標準地體現了她自己課堂裡所教的那些說服力技巧，她告訴我：「我們老是說：『這太高明了，這些傢伙真是天才，他們實際運用了我們所能想到的每一個刺激動力的工具。』」

這是她的研究實驗，錢斯當然得要親自去嘗試，成為第一隻白老鼠。但她並不知道這個產品會操控她的身心到什麼樣的程度。「我真的，真心，完全停不下來，而且我花了很長的時間才意識到這是個問題。」此刻，她這麼說。

很容易可以理解錢斯為什麼長久以來會一直在否認這個現實。她所依賴的產品並不是某種處方藥或是毒品——而是一個計步器。更精確地說，是一台「Striiv 智慧型計步器」，這是矽谷一個剛成立一年的新創公司所推出的產品。錢斯很快地就指出這不是一台普通的計步器：「他們的行銷定位是『你口袋裡的個人健身教練』」，她說：「才怪！根本是你口袋裡的魔鬼！」

Striiv 是個由電玩設計師所創辦的公司，他們運用行為設計的策略與技巧，來促使消費者更勤於運動。這個計步器的使用者會受到指派，進行各項挑戰，與此同時他們可以藉由步行來累積分數，也可以和其他玩家比賽，並且可以在一個具有運動錦標賽風格設計的風雲榜上看彼此相對的排名。這家公司同時推出了和計步器搭配的 app，叫作

MyLand，使用者可以在此使用他們的積分來建造線上的虛擬世界。

很顯然這些伎倆在錢斯身上奏效了，事實上，她發現自己不停地走來走去，為的是要持續累積步數和積分。「我回到家，然後在我吃飯或是閱讀的時候，還是我邊吃飯邊閱讀的時候，抑或我先生試圖要跟我說話的時候，我會從客廳走到廚房再到餐廳，然後再一次客廳、廚房、餐廳，繞著這個圈子走個不停。」

不幸的是，這些步行——大部分都在繞圈子——開始造成傷害。她留給家人和朋友的時間變少了。「我只跟一個人變得更熟，」她承認道：「是我的同事厄尼斯特，他也有一台 Striiv，所以我們可以設定挑戰，然後跟對方比賽。」

錢斯完全沉迷其中，「我還會建立試算表，以便優化及追蹤——不是優化我的運動模式，而是我在虛擬世界裡的虛擬交易，而這個世界只存在於 Striiv 裡。」她的沉迷不只是奪走了她工作或執行重要任務所需要的時間，還開始造成身體上的傷害，「當我在用 Striiv 的時候，我每天會走兩萬四千步，你自己算算看。」

錢斯回想起某個晚上，在經歷了運動量已經相當大的一天之後，她收到來自 Striiv 的一個誘人提案：「當時已經是半夜了，我正在刷牙，準備上床睡覺，這個快閃挑戰突然出現，它是這麼說的：『你只要爬二十階樓梯，我們就會給你三倍的分數！』」錢斯立刻意識到她只要花個一分鐘，走下地下室再走上來兩趟路，就可以完成這項挑戰。完成挑戰後，她又收到另一個訊息，鼓勵她再多爬四十階，以獲得三倍的分數，她想：「當然好啊！這很划算！」然後很快地再多走了四趟。

無止境的行走可沒有就此打住，彷彿被什麼奇怪的力量附身，並且控制了她的意識似的，接下來的兩個鐘頭——從半夜到凌晨兩點——這位教授在地下室的樓梯爬上、爬下，等到她真的停下來時，她發現她爬了超過兩千階的階梯，比爬上帝國大廈的一千八百七十二階還要多。當她大半夜在樓梯上上下下地走動時，她覺得自己停不下來。在 Striiv 智慧型計步器的影響之下，錢斯成了一具健身殭屍。

表面上，錢斯的故事是課本裡會出現的標準個案，顯示了一個看似健康的物件，比如說計步器，可能會搖身一變成為一個有害的干擾源。我一聽到錢斯對於她的健身紀錄器的沉迷，我就想更深度地了解究竟發生了什麼事。但首先，針對驅動她行為的動力，我需要有更深入的了解。

數百年來，我們都相信動力的來源是獎勵和懲罰，如同英國哲學家以及功利主義的創始人邊沁所說：「大自然把人類放到兩位君王底下，受其差遣，他們分別是痛苦感以及愉悅感。」但事實上，動力跟愉悅感之間的關係遠比我們想像的要來得小。

「就算我們以為自己是在追求愉悅感，但真正驅動我們的其實是，從渴求的痛苦中獲得解放的這種欲望。」

古希臘哲學家伊比鳩魯，解釋得再好不過了：「我們所說的愉悅，意思是肉體上沒有苦痛以及靈魂上不受煩擾。」

「簡單來說，想要解除不適感，這是驅動我們行為的根本原因，其他的一切都只是表面上的近因罷了。」

設想一下撞球賽的情境，是什麼讓彩色的球進袋的呢？是白色的母球？球桿？還是因為打球的人的動作？我們都理解雖然白色母球和球桿都是必要的存在，但根本的原因還是在打球的人身上。白色母球和球桿並不是根本的原因，只是造成所產生的現象的表面近因罷了。

在人生這場比賽中，經常很難看到導致事情發生的根本原因。當升職的機會到來，而我們卻不在候選名單上的時候，我們可能會怪某個狡猾的同事搶走了我們的工作，而非去反省自己的資格不符和不夠積極；當我們跟另一半吵架時，我們可能會認為衝突是因為沒有把馬桶坐墊放下來，這類很小的事情所引起的，而不去承認長年未解決的矛盾；當我們把這個世界上的問題都推給我們政治上或是意識形態上的對手，讓他們成為代罪羔羊的時候，我們就是選擇了不去找出問題背後更深層的結構性問題。

這些表面近因都有一個共同點——它們讓我們能夠將責任轉移到別人或是別的事情上頭。並不是說白色母球和球桿沒有任何作用，馬桶和同事也是一樣的道理，但絕對不能說這些東西對於事情的結果要負百分之百的責任。如果不去理解和處理根本的原因，我們就會在自己所編創的悲劇裡，成為一名受害者，無法翻身。

在我們的生活當中，分心都是被同樣的力量所推動——這些都是事情的表面近因，我們以為問題出在它們身上，並且沒有找出根本的原因。我們傾向於怪罪電視、垃圾食物、社群媒體、香菸、電玩——然而這些只是我們分心的表面近因而已。

「只把分心怪罪到智慧型手機上，跟怪罪計步器讓人爬太多樓梯一樣，都是有瑕疵的作法。」

除非我們把分心的根本原因給解決，不然我們會持續找到方法來讓自己分心。造成分心的東西其實問題並不在其本身，而是我們回應它的方法。

經過來回數封電子郵件的交流，柔依．錢斯開始願意讓我更深入地去了解，導致她極端行為背後的黑暗真相是什麼，這一點她並沒有在TEDx的演講中公開：「我對

Striiv 成癮的那段時間，同時也是我人生中壓力最大的一段時期，」她告訴我：「作為一個菜鳥行銷學教師，我那時候剛進入就業市場，試圖找到一份工作。這個過程持續了好幾個月，充滿了不確定性，非常艱辛且讓人精疲力盡。」她繼續說：「在就業市場上徘徊的學者因為壓力而身體出狀況，這其實很常見。我那時候一直掉頭髮、失眠還有心悸，我覺得自己好像快發瘋了，而且我沒讓任何人知道。」

錢斯同時還有不願意說出口的祕密，與她的婚姻有關：她的先生也是位行銷學教授，所以這對夫妻必須雙雙得到聘書，不是她到先生的學校任職，就是兩人都到另一所學校執教。「行銷的系所很小，」她解釋道：「獲得合聘的機會真的是微乎其微。」

而且她的婚姻也開始出狀況，這讓事情變得更加複雜：「當時我並不知道我跟先生是否會繼續在一起，但是最好的結果會是我們把問題解決，依然維持這段婚姻，然後我在他任職的大學也找到一份工作，我們不想讓學校裡的任何人知道我們可能會離婚，因為這樣我拿到工作的機會會變小。」

錢斯覺得自己陷入困境：「我知道即便我盡了全力，也無法保證會有好的結果，婚姻和工作都是。現在回想，我可以理解 Striiv 讓我擁有一個可以控制且成功的東西。」

在那段特別困難的日子裡，她說她把 Striiv 當成是一種應對壓力的方式。現在，她承認道：「那是在逃避現實。」

大部分的人都不想要承認這個讓人感到不自在的事實，就是造成分心的東西一直都是某種不健康的、但是讓人得以逃避現實的方法。我們如何處理自己令人感到不適的內在誘因，會決定我們所追求的是健康的、引力驅動的行為，還是適得其反的分心行為。

對錢斯而言，累積 Striiv 的分數提供了她所想要的出口，讓她可以逃避。對於其他人來說，這個出口來自於看看社群媒體、花更多的時間在辦公室裡頭、看電視，或是在某些個案裡頭會出現的酗酒和用藥。

如果你試著逃避某種極大的痛苦，例如即將離婚的危機，那麼真正的問題就不會是你的計步器；而是這個心理上的不適，讓你產生想要逃避的渴望，如果沒有先處理好這一點，你就會一個接一個地，用不同的方式分心。

「唯有了解自己的痛苦，才能開始控制並且找出更好的辦法來處理負面的衝動。」

錢斯很幸運的一點是，她自己有能力可以認清這一點，首先，她集中心力，找出造成她不適感真正的來源，最後她鎖定了，是內在的誘因讓她試著逃避。儘管最後她真的跟先生分開了，但她說她現在的狀況好多了，在工作方面，她在耶魯拿到一個正式的職位，至今她仍然在耶魯教書。她也找到保持健康和掌控時間的更好方法，規劃固定的健身活動，而不是讓她的計步器左右她。

雖然克服了對 Striiv 計步器的沉迷對錢斯而言是個進步，但這不會是她人生中最後一個讓她分心的物件；但是查明根本的原因，而非一昧地把問題歸咎於近因，她下次就更能夠直指真正的問題本身。當你們把這些即將在這個部分中學到的技巧和策略一起使用，除了可以立竿見影，也會有長期的成效。

本章一點通

- **理解分心的根本因素**。造成分心的不只是你的裝置，要分辨表面近因與根本原因。
- **所有的動機都來自於想要逃避不適感的渴望**。如果一個行為曾經有效地紓解不適感，我們很可能會繼續把它當成逃避不適感的工具。
- **任何可以讓你不再感到不適的物件都有上癮的可能，但這並非無法抵抗**。如果你知道驅動你行為的動力是什麼，你就可以按部就班地去管理它。

第四章

時間管理就是痛苦管理

一開始，我也不願去相信自己的分心行為背後真正的驅力是什麼，這個真相令人感到不便。但是細細咀嚼了一些科學文獻後，我得面對現實，讓我們分心的動機真的來自我們自己的內在。所有人類的行為都是如此，而分心只是大腦試圖處理痛苦的另一種方法罷了。如果我們接受這個事實，處理分心要先處理不適感這件事就很容易理解了。

「如果說分心的代價是付出時間，那麼時間管理就等於痛苦管理。」

但是我們的不適感是哪來的呢？為什麼我們總是永無止境地感到不安和不滿呢？我

們身處人類有史以來最安全、最健康、教育程度最高、最民主的時代，但是人類的心理有某個部分，讓我們總是想要替心中那些不停攪動的東西找到一個出口，如同十八世紀的英國詩人塞繆爾・詹森（Samuel Johnson）所說的：「我的生命是一段漫長的、逃離自己的過程。」我也是啊，老兄，我也是。

謝天謝地，我們可以安慰自己，這種不滿足的感覺是先天就編織在我們的基因裡面的。很抱歉得這麼說：我們大概永遠無法對生活感到全然地滿足。那麼，偶爾的喜悅呢？當然會有！偶爾的亢奮和狂喜？也有；時不時想要穿著內衣熱唱菲瑞・威廉斯（Pharrell Williams）的〈Happy〉？沒問題，誰不會這樣？但是你在電影裡看到的「從今以後過著幸福快樂的生活」這種持續性的滿足呢？算了吧。這只不過是個神話。那種幸福注定是好景不常，千百年的演化讓你我的大腦幾乎無時無刻都處於不滿足的狀態。

之所以天生如此，原因很簡單，《普通心理學評論》（*Review of General Psychology*）季刊上曾有一篇研究指出：「如果滿足和愉悅是永久存在的，那麼持續追尋更大利益或是進步的動機很可能就會變得相當低。」換句話說，滿足感對於物種沒什麼好處。我們的祖先之所以會更加努力地工作和進一步奮鬥，是由於他們演化後變成總是憂心忡忡的模樣，而我們現在也保持這個狀態。

不幸的是，這些演化優勢驅動著我們的親族，讓他們總是想要做得更多，因而得以生存，而與此同時，也可能對現今的我們造成不利的影響。

「四項心理因素，讓你的滿足永遠只是暫時的。」

來看看第一項因素吧：無聊。人為了要避免無聊而做出的事情，其誇張程度令人震驚，甚至有些時候可能真的是用電擊的方式。二〇一四年，一項發表在《科學》（*Science*）期刊上的研究要求受試者待在一個房間裡，獨自思考十五分鐘的時間，這個房間裡空無一物，只有一個讓受試者可以自行主動觸電的裝置，雖然是輕微的，但的確會造成疼痛。你可能會問：「怎麼會有人想那樣做？」

事前詢問受試者的時候，他們都說甚至願意付錢來避免遭受電擊，可是，當他們被一個人留在房裡，除了那台機器以外什麼也沒有的時候，百分之六十七的男性以及百分之二十五的女性都電擊了自己，其中有很多人竟還是重複地電擊。這項研究的作者在文章的結論中寫道：「人比起思考更喜歡行動，即便他們所做的事情非常令人不快，甚至普遍來說他們願意付錢避免這件事。未經訓練的心智不喜歡獨處、什麼都不做。」因此，美國排名前二十五名的網站都是在兜售那些讓我們在索然無味的生活中獲得解套的方法，看到這一點，也就沒什麼好驚訝的了，這些網站所販售的逃避手段包括購物、明星八卦或是方便參與的社交互動。

第二項讓我們分心的心理因素是消極性偏差，「這是一種現象，比起中性或是正面的事件，負面的事件會更容易受到突顯且需要更高強度的注意力。」某項研究的作者做出以下的結論：「壞比好來得強烈，這一個事實在心理學中看來是非常基礎且非常普遍的。」人出生沒多久之後，這種消極主義就開始了，嬰兒在七個月大的時候就開始有消極性偏差的表現，暗示了這個傾向是天生的。還有更多的證據：研究人員相信比起回憶美好的時光，回憶不快樂的時光要來得更容易。研究顯示，即使認為自己成長的過程整體而言是快樂的，大家還是比較容易回想起不愉快的片段。

消極性偏差幾乎無疑地給了我們演化上的優勢，有好事發生的話是很好，但是壞事可能會害死我們，這就是為什麼我們會注意也更先記得壞事，很有用，但真掃興！

第三項因素是反芻思維：我們傾向於一直去反覆回想不好的經驗。如果你曾經在心裡重複咀嚼一件你做過的事，或是別人對你做的事，或是某個你沒有但是很想要的東西，翻來覆去，感覺一直揮之不去，那你所經歷的就是心理學上所謂的反芻思維。這種「被動地把現況拿去跟某個未達成的標準做比較」的反芻思維可能會以自我批判的方式表現，例如：「為什麼我沒有把事情處理得更好？」，像是某個研究所指出的：「藉由反省，思考出了什麼錯以及如何修正，人可能可以找出錯誤的根源或是替代的方案，最後就不會重蹈覆轍，未來就有機會可以做得更好。」因此，這也是另一項很有用的優勢——但是，也真的可能會把我們搞得很慘啊！

無聊、消極性偏差以及反芻思維，每一項都可能引發分心，但第四項因素可能是其中最殘酷的一項：享樂適應。這種傾向，讓你不管發生了什麼事，滿足感都會很快地回降到基礎線，這是身為萬物之母的大自然所採用的誘購法（bait and switch），所有人生中的重大事件，我們以為那些會讓我們更快樂的事，其實都沒有真的讓我們更快樂，或者應該說，就算有也不會持續太久。舉例來說，曾經體驗過非常幸運事件的人，像是中樂透，表示那些曾經讓他們感到開心的事情，最終都不再有魅力，實際上他們最後都還是回到事情發生前的滿足度。大衛・邁爾斯（David Myers）在《追尋幸福》（*The Pursuit of Happiness*）裡面寫道：「所有讓人垂涎的經驗：熾熱的愛、精神上的崇高、獲得新東西的愉悅、成功的快感——都只是暫時的。」當然，跟其他三個因素一樣，享樂適應帶來利於演化的優勢。一項研究的作者解釋道：「新的目標會不停地吸引人的注意力，而人總是奮力地想要變得更快樂，而沒有意識到，長遠來看，這樣的努力只是徒勞而已。」

我們現在要下任務失敗的音效了嗎？我們命中注定要徒勞無功嗎？當然不是，就像我們已經學到的部分，不滿足是我們天生具備的能力，我們可以將其引導成一種助力，讓事情可以進行得更順利，像我們那些遠古時代的親戚一樣。

「我們的大腦預設值是不滿足和不適感，但是我們可以讓它們給我們動力，而不是將我們擊敗。」

如果我們的物種失去了這種永恆的焦慮感，我們會更慘——甚至有可能會絕種。我們做的每一件事都是由不滿足所推動的，包含狩獵、追尋、創造以及調適，甚至是無私的舉動，像是幫助別人，都是由我們需要逃離罪惡感和不公義的感覺所驅動的。正是這些無法滿足的欲望、總是想要獲得更多的想法，讓我們推翻了獨裁者，也推進了改變世界的發明以及拯救生命的科技，這也是一種隱形的燃料，讓我們得以朝向這個星球以外，更遙遠的宇宙去旅行與探索。

不滿足這一點，對我們物種的進步有功勞的同時，也需要對我們所犯的錯誤負責，為了駕馭這個力量，我們得要迅速地否決這個誤導性的想法：如果我們不快樂，就是我們不正常——這與事實整個相反。這個觀念上的轉變可能會讓你感到有點違和，但同時也可能是令人難以置信的自由舒暢。

「感覺不舒服並不是件壞事，認知到這點是件好事；這也正是適者生存想要達成的目的。」

從接受這一點開始，我們獲得了一個機會可以避免人類心智上的一個隱患，我們可以認清痛苦並且從中跳脫，這是在通往心無旁鶩這條路上邁出的第一步。

本章一點通

- **時間管理就是痛苦管理**。分心所付出的代價是時間，並且，就像任何其他行動一樣，分心源自想要逃避不適感的那種欲望。
- **不滿足有利於演化，心滿意足則否**。我們有著無聊、消極性偏差、反芻思維以及享樂適應的傾向，這幾項湊在一起讓我們永遠無法獲得長時間的滿足。
- **不滿足對於我們物種的進步有著功勞，卻也讓我們犯錯**。這是一項天生的力量，可以被引導成助力，協助我們改善事情。
- **如果想要控制分心，我們必須要學會處理不適感**。

第五章

從內在開始處理分心

西雅圖福瑞德哈金森癌症研究中心的一位心理學家強納森・布瑞可（Jonathan Bricker），傾其畢生努力去協助人們管理心理上的不適感，這種不適感不只會導致分心，還會導致疾病。他的研究成果已被證實，改變病人的行為可以有效降低癌症風險。布瑞可寫道：「大部分的人都不認為癌症是行為上的毛病，但無論是戒菸、減重還是增加運動量，你有一些很確實的事情可以去執行，以降低患病的風險，也因此壽命更長，生活品質也更好。」

布瑞可的方法包括了利用想像的力量，來協助病人用不一樣的方法來看事情，他的研究顯示了，在接納與承諾療法（ＡＣＴ）之中，學習某些特定技巧，能夠解除一些不適感，這些不適感經常會導致具有傷害性的分心行為。

布瑞可決定要專注於戒菸的研究上，並研發了一款 app，透過網路來進行接納與承諾療法，雖然他把接納與承諾療法專門用來輔助戒菸，但是結果顯示，這項計畫中的一些基本原則對於降低多種衝動都有效。此療法的核心在於學習去覺察並接受自己的渴望，並學著如何用健康的方法來處理它；與其指示大家壓抑自己的衝動，接納與承諾療法所開出的醫囑，是退一步、覺察、觀察，進而直至讓欲望能夠自然消失。不過為何不乾脆簡單明瞭地正面迎戰我們的渴望呢？為何不「向欲望說不」就好了呢？

「結果證明，心理上的禁欲主義會適得其反。」

一八六三年，杜斯妥也夫斯基寫下了：「試著給自己這項任務：不要去想北極熊；然後你就會發現像是被詛咒似的，老是想到北極熊。」一百二十四年之後，社會心理學家丹尼爾．韋格納（Daniel Wegner）將杜斯妥也夫斯基所說的內容付諸實驗。

在一項研究中，參與者收到了一項指令：五分鐘內避免去想到白熊，結果是，平均每分鐘會想到一次，就像杜斯妥也夫斯基所預言的。但是韋格納的研究並未就此止步；當同一組人接著被要求，試圖在腦海中想像白熊的時候，比起另一組先前並未收到指示去壓抑這個念頭的人，他們想起白熊的次數要多出許多。根據《觀測心理》（*Monitor on Psychology*）期刊中的一篇文章中所指出的，「結果顯示，一開始五分鐘的壓抑，在參加者腦中引起了這個念頭更強烈的『反彈』。」韋格納其後為這種傾向封了個名號：白熊效應（ironic process theory），以解釋為何要抹去某個侵入大腦的念頭是如此困難的一件事。諷刺的點在於，欲望的張力釋放之後，會讓做這件事所獲得的回饋感覺變得更大了。

「抗拒、反芻、最後向欲望投降：這個永無止境的循環不停地轉著，而且很可能把我們推向許多多餘的行為。」

舉例來說，許多吸菸者相信是因為尼古丁這種化學物質，才造成了他們老是想抽菸的癮頭，他們當然沒錯，但是也不完全對。尼古丁會造成身體上特殊的感受；然而，一項令人驚豔的研究顯示，就算是菸癮這種習慣與尼古丁的關聯性，都可能比我們所想像的還要來得低；這項研究跟空服員有關。

兩組吸菸的空服員出發地都是以色列，分別被派往不同的航班，其中一組被派上一段三小時、飛往歐洲的航程；另一組則是飛往紐約，航程十小時。研究人員指示這群吸菸者，全員都要在一致的時間點，分別是起飛前、飛行中以及抵達後，替自己犯菸癮的程度評分。假設菸癮的產生，只是大腦被尼古丁的功效所驅動，那麼就可以預期，在距離抽完最後一根香菸，經過同樣的分鐘數之後，兩組人員會有同樣強度的衝動想要吸菸；隨著時間過去，他們的大腦對於尼古丁的渴求就更強烈，然而事實並非如此。

當飛往紐約的空服員在大西洋上空時，他們所回報的菸癮很弱。另一方面，同一時間，他們剛剛在歐洲降落的同事的菸癮卻達到了最強烈的地步，這是怎麼一回事？

飛往紐約的空服員知道他們如果在航程中吸菸，必然會被開除。要再等到他們接近了目的地，他們所回報的抽菸欲望才達到最大值。顯示了航程的時間長短，以及與最後一次抽菸的時間間隔長短，並不影響空服員菸癮的程度。

影響他們欲望的不是離上次抽菸之後過了多長的時間，而是離下次可抽菸，還剩下多少時間。假使如同研究中所指出的，像尼古丁這般高度成癮性的東西都可以如此被操控，那麼我們為何不能誘使我們的大腦，好控制其他不健康的欲望呢？謝天謝地，我們辦得到！

你會注意到，整本書，我都會引用戒菸以及藥物成癮的相關研究。我之所以這麼做有兩個原因，其一，雖然研究顯示，只有極少數的人對於網路這些讓人分心的事物是真的病理上的成癮，但是科技的過度使用對很多人來說，看起來同樣像一種癮；其二，我想要強調一個重點，既然有一些發展成熟且廣為人知的技巧，能夠有效阻止身體對於尼古丁或是其他物質的依賴，那麼這些技巧絕對也可以幫助我們控制想要分心、去做其他事情的渴望；畢竟，我們並沒有把 Instagram 或是臉書給精製提煉，並且注射進體內。

透過改變對於自己衝動的思維模式，特定的欲望即使無法被完全舒緩，也可以被調節，在接下來的章節裡，我們會學到如何用不同的角度看待三件事情：內在誘因，任務，以及我們的性情。

本章一點通

- **要是沒有讓誘因解除武裝的技巧，心理上的禁欲可能會適得其反。**抗拒衝動可能會引起反芻，讓欲望變得更強烈。
- **透過改變自己的想法，我們能夠管理源自於內在的分心行為。**我們可以針對誘因、任務以及自己的性情，重新做出思考。

第六章

內在誘因的重新構思

縱使我們無法控制在腦中驟然出現的感受或是想法，我們可以控制我們對待它們的方式。布瑞可的研究在戒菸計畫中採用了接納承諾療法，並顯示了我們不必一味地告訴自己不要一直去想到某項衝動，反之，我們得學習更好的方式來面對。同樣的概念適用於其他分心的狀況，例如過度頻繁地查看手機、吃垃圾食品或是過度購物；與其試圖挑戰這些衝動，我們需要新的方法來處理這些擅自入侵的念頭。接下來的四個步驟恰好可以讓我們做到這件事：

步驟一：尋找開始分心之前的不適感，專注於內在誘因上

我寫作時常遇到的一個問題是，老是想要去 Google 上搜尋一些什麼的這種衝動。要替這個壞習慣辯解很容易，說成「做研究」就可以了，但是內心深處，我知道這經常只是想從困難的工作中轉移注意力罷了。布瑞可建議我們把注意力放在這些多餘的行為發生之前所產生的內在誘因上面，例如「感到焦慮、有種癮頭、覺得不安或是認為自己不夠格」。

步驟二：把誘因寫下來

布瑞可建議道，無論你是否向這個誘因投降，做出分心的行為，都把這個誘因寫下來。他建議把發生的時間、當時你在進行的事情，以及你的感受都記錄下來；還有當你注意到這個導致你分心行為的內在誘因後，你的感覺如何，也全寫下來。「一意識到這項行為的時候就馬上做」，因為在那個時間點比較容易記得你的感受。我在這本書的最

後放了一個「分心追蹤表」，你可以用這個表來記錄一天之中你所感受到的內在誘因，你可以在 NirAndFar.com/indistractable 下載這個表單並多印幾頁，放在手邊、隨時可以拿到的地方。

根據布瑞可所言，大家可以輕易辨識出外在誘因，「一開始要去注意到那些非常重要的內在誘因時，得要花點時間和練習。」他建議可以把自己當作觀察者一樣，來討論這些衝動，像是告訴自己一些：「我感受到胸口那種緊繃的感覺，然後你看，我正試著去拿我的 iPhone。」我們愈能覺察這些行為，漸漸地，也就愈能夠管理它。「焦慮感不見了，這樣的念頭變弱了，或是被其他的思緒給取代了。」

步驟三：探索你的感受

接著布瑞可建議我們用好奇的心態來面對當時的感受，比如，當你即將要分心時，你的手指會微微顫抖嗎？當你跟孩子在一起卻想著工作時，肚子會怪怪的嗎？當這些感受增強到頂點，再漸漸退去時，你感覺如何呢？布瑞可鼓勵我們在做出衝動的行為之前，好好體會這些感受。

當類似的技巧被用在戒菸研究上，研究的參與者學會去承認並探索自己對尼古丁的癮，這些人成功戒菸的比例是美國肺臟協會戒菸計畫中表現最好之人的兩倍。

布瑞可最喜歡的技巧之一便是「水流上的樹葉」；當你感受到一個內在誘因讓你感到不適，進而想做出不該做的事，這個時候，「想像你坐在一條緩緩流動的小溪旁，」他說道：「接著，想像有樹葉慢慢地漂過水面，把你心裡的每一個念頭，分別放在一片葉子上，這個念頭可以是一段記憶、一個字、一個煩惱、一個影像，接著，讓這些葉子一片一片順著水流往下漂，跟著捲入水中消失，而這期間，你只是坐在一旁觀看。」

步驟四：提防交界點

交界點（liminal moment）指的是生活中，從一件事情轉換到另一件事情的時間點，你是否曾經在等待紅燈時拿起手機，接著就發現，自己一邊開車，一邊還是盯著手機看？或是在瀏覽器上打開一個新的頁籤，載入的時間很長，這讓你感到煩躁，因此就在等待的期間打開了另外一個頁面？又或者是在接連著的兩場會議中間的空檔，打開社群媒體的 app，結果直到你開完會回到座位上時，都還不停地滑著這些內容？這些行為本身都不是問題，而真正危險的是，藉由進行這些事情「一下下就好」，我們很可能會因此做出之後自己會後悔的事情，例如分心了半小時，或是發生車禍。

對付這樣的分心陷阱，我找到了一個特別有用的技巧，叫做「十分鐘規則」。如果我發現自己需要採取一些手段，好讓自己感到平靜，卻又想不到更好的方法時，我告訴自己，可以投降，沒關係，但不是現在，再等十分鐘就好。這個技巧很有效地幫助了我，對付各種潛在的、讓人分心的事物，像是上 Google 搜索而不好好寫作，無聊的時候吃不健康的食品，或是在我「太累了，所以睡不著」的時候，又多看了 Netflix 上的一集影集。

這個規則正好替心理學上稱作「衝動衝浪」（surfing the urge）的行為提供了時間，當快要被衝動所控制的時候，去覺察當時的感受，並且像衝浪一樣，乘著感受的浪花——既不把它推開，也不必配合它——這會幫助我們對付衝動，直到這些感受退去。

吸菸者使用衝動衝浪以及其他技巧來把專注力放在渴望的感覺上，與並未採用這些技巧的對照組相比，減少了所吸取的香菸數量。如果十分鐘過後，還是很想進行這個行為，那就做吧，但這幾乎不會發生。交界點已經過去了，我們能夠做我們真正想做的事。

衝動衝浪以及把我們的渴望想像成水流上的葉子等等，這些技巧是一種練習，讓我們得以建立精神力，這些練習可以讓我們不再衝動地向分心投降。這些技巧利用反思，而非回應的方式來修復我們的心理狀態，並紓解掉內在誘因。如同奧利佛．伯克曼（Oliver Burkeman）在《衛報》上所言：「這雖然古怪，卻是事實，當你慢慢地把注意力放在負面情緒上時，通常這些情緒就會消散——但是正面情緒卻會擴展。」

我們探討了要如何重新構思內在誘因；接下來我們會學習如何重新構思那些我們需要專心進行的任務。

本章一點通

- 藉由重新構思這些引發不適感的內在誘因，我們可以令其繳械投降。
- 步驟一：尋找開始分心之前的情緒。
- 步驟二：把內在誘因寫下來。
- 步驟三：帶著好奇心，而非鄙視的態度探索負面感受。
- 步驟四：遇到交界點的時候，要特別小心。

第七章

任務的重新構思

伊恩·伯格斯（Ian Bogost）以研究玩樂維生，作為一名在喬治亞理工學院執教的互動計算學的教授，伯格斯寫了十本書，包含了一些標題古怪的書，像是《電動怎麼聊》、《宅宅的吉娃娃》以及最新的《什麼都能玩》。在最新的一本書中，伯格斯提出了幾項大膽的說法，挑戰了我們對趣味以及玩耍的理解。「有趣，」他寫道：「讓人覺得有趣，最後其實跟讓人享受的關係不大，甚至完全無關。」什麼？

趣味，不就是應該要享受其中嗎？並不盡然，伯格斯說，只要放下我們過去所理解的、趣味應該是如何的概念，我們就可以打開自己的視野，用新的角度來看待我們的任務。他建議，任何困難的任務中，都可以有「玩」的成分，並且，即便玩不一定都是愉快的，但是卻可以讓我們從不適感中解放，別忘了，不適感正是驅動分心的核心材料。

我們知道自己在感到不適時就會分心的毛病，在這個基礎上，去將困難的工作重新構思，想像成好玩的事情，這可以有強大的賦權效果。想像一下，如果你可以把困難、需要專注的工作變成像是玩耍一樣，那你會感覺多有力量呀。這有可能嗎？伯格斯認為答案是肯定的，但可能不是以你所想的那種方式。

「趣味和玩耍本身並不一定要讓我們感到開心，但是它們可以被當作一種工具，讓我們保持專注。」

我們都聽過魔法保母的提議，加入「滿滿一匙糖」，讓工作變成遊戲，對吧？但是，伯格斯認為魔法保母說得不對。他認為她的方法「所建議的是，把工作的繁重乏味給掩飾過去」，如同他所寫的：「我們之所以無法獲得趣味，是因為我們對待事情還『不夠』認真，而不是因為我們太認真嚴肅地對待工作，以至於我們需要用糖來去除其中苦澀。趣味與其說是一種感受，不如說是當執行者能夠鄭重地對待某件事情時，所產出的廢氣。」

伯格斯告訴我們：「樂趣是有意地、用新的方法去操弄一個熟悉的情況所產生的後果。」也就是說，答案就是：專心於任務本身；與其試圖逃離痛苦，或是用一些像是獎品之類的回饋，來提升我們的動機，真正的重點在於對任務投以極度的專注，以至於找到之前沒發現的挑戰。這些新的挑戰提供了新鮮感，吸引了我們的注意力，並讓我們在受到分心的誘惑之時，保持專注。

無數具商業目的的娛樂被製造出來，讓人分心，像是電視或是社交媒體，都採用了類似吃角子老虎機器的手法，提供各式各樣的回饋，好讓我們因為不斷產生的新鮮感，持續使用這些產品。但是伯格斯指出，我們可以利用同樣的技巧，使得任何任務都變得更愉快、更引人入勝。

「我們可以採用讓我們沉浸在媒體中的同樣神經工程，來讓我們專注在一項索然無味的任務上。」

伯格斯以在自己家除草為例：「說這種事情『有趣』可能看起來荒謬至極，」他寫道，但是他還是學會去喜愛這個工作，方法就是：「首先，非常仔細地、近乎愚蠢地專心在一件事情上，甚至到荒唐的程度。」以伯格斯自己為例，他讀遍了所有他能找到的、關於草坪生長以及養護的資訊；再來，他創造了一個「想像的遊樂場」，在這個遊樂場裡頭，受到限制其實有助於產生充滿意義的經驗。他認知到他在除草時必須要面對的限制，包括當地的氣候情況，以及不同的設備有什麼功能，或是沒有什麼功能。在限制下行動，伯格斯說，正是通往創意和趣味的鑰匙，找出除草的最佳路徑或是創下最快完成除草的紀錄，也是創造想像的遊樂場另外的方法。

儘管學著在除草中找到樂趣看起來有點強人所難，但是有很多人還是在許多各式各樣的活動中找到了樂趣，而這些事情感覺上可能並不特別有趣。看看我們家附近的那個咖啡師吧，他對咖啡癡迷，花費了大把的時間、幾近荒謬地不停改良沖泡咖啡的方法，汽車愛好者不辭辛勞地投入無以數計的時間來調校車子，或者是手工編織達人替他認識的每一個人，悉心打造精緻複雜的毛衣和拼布被子，如果有人可以出於自願地進行這些活動，享受其中，那麼把同樣的思維模式用在其他的任務上有什麼好奇怪的？

對我來說，要學會如何專注在寫書這樣索然無味的工作上，方法就是找到其中的謎題。我寫作是為了回答有趣的問題，以及替一些老問題發掘一些新的解決方法。用一句諺語來說的話：「無聊的解藥就是好奇心；好奇心則是無藥可救。」現在，我是為了寫作的樂趣而做這件事。當然，這也是我的職業，但是藉由發現其樂趣，我得以在工作的時候不會再像以前一樣分心。

「趣味就是，在一件事情裡頭尋找別人沒發現的、多元的可能性，也是將無聊和一成不變打破，去發掘隱藏的美麗。」

歷史上偉大的思想家和工匠們之所以有所發現，是因為他們沉迷於發現新東西這件事所具有的中毒般吸引力——這樣的謎題會把我們拉進去，因為我們想知道更多。

但是，你要記得：只有在我們讓自己有時間去完全專心在任務上頭，並努力尋找更多可能性的時候，才有可能找到新鮮感。不論是關於我們是否有能力比上次更快更好地完成任務的不確定感，或是日復一日地挑戰我們未知的事情，透過解開這些謎題的這趟旅程，就可以把我們想用分心來逃避的不適感，轉變成我們欣然接受的一項活動。

要管理這些分心的內在誘因，最後一個步驟是重新構思自己的能力。作為開始，我們要先把一個常見的自我挫敗信念給擊碎，我們當中有許多人天天都這樣打擊自己。

本章一點通

- **藉由把一項窮極無聊的任務重新構思，我們就能夠控管內在誘因。**趣味和玩耍可以用作一種工具，讓我們保持專心。
- **玩耍不一定要是愉快的，**只要能夠抓住我們的注意力。
- **可以在任何任務中加入刻意性和新鮮感，讓它變得好玩。**

第八章

性情的重新構思

為了要管理那些把我們推向分心的不適感，我們需要用不同的方式看待自己以及自己的性情，性情的定義是「一個人或是動物的天性，尤其是會對其行為產生永久性影響的部分」，我們看待自己性情的方式，對我們的行為有著很深的影響。

大眾心理學當中最廣為人知的一個小細節，就是自制力是有限的這種信念，也就是說，因為我們天生的性情如此，我們能夠使用的意志力也就只有這麼多了。並且，根據這種想法，當我們將自己消耗殆盡的時候，意志力很可能會用光。這個現象，心理學家有個名字稱呼它，叫作自我耗損（ego depletion）。

截至不久前，我下班後的例行公事都是像這樣：我會坐在沙發上，好幾個小時什麼都不做，以Netflix和一桶冰淇淋（準確地來說，是Ben & Jerry's的巧克力融心布朗尼口味）為伴。我知道冰淇淋和坐著不動對我不好，但我合理化了自己的行為，我告訴自己，我「累壞了」，表現得像是我的自我被耗損了（即便那時我還沒聽過這個專有名詞）。這個理論看起來完美地解釋了我下班後的耽溺，但自我耗損真有其事嗎？

二〇一一年，心理學家羅伊．鮑梅斯特（Roy Baumeister）跟《紐約時報》的記者約翰．提爾尼（John Tierney）一起寫了本暢銷書《增強你的意志力：教你實現目標、抗拒誘惑的成功心理學》。這本書引用了幾項鮑梅斯特的研究，推演了自我耗損的理論，其中包括一個值得注意的實驗，示範了一個神奇的方法，可以讓意志力恢復——攝取糖分。這份研究宣稱，喝了加糖的檸檬汁之後，受試者展現了較高的自制力，面對困難的任務時也展現了較佳的耐力。

但是，最近科學家又更具批判性地檢驗了這項理論，而其中幾位給予負評，邁阿密大學的伊凡．卡特（Evan Carter）是最早挑戰鮑梅斯特研究成果的人之一。在一份二〇一〇年的整合分析（針對各項研究集合的研究）中，卡特檢視了將近兩百個實驗，這些實驗做出了自我耗損為真的結論，但經過更仔細的檢視，他發現了一項「發表偏差」，在這些研究中，不符合這個理論的證據並沒有被納入發表結果當中。而在考慮他們的實驗結果之後，他得出的結論是並無有力的證據支持自我耗損理論。並且，這個理論其他更神奇的部分，像是糖分可以增加意志力，則是徹底被拆穿。

那自我耗損現象可能的解釋是什麼呢？早期研究的結果可能是真實無誤的，但看起來研究人員跳到了錯誤的結論。新的研究指出飲用檸檬汁可以促進表現，但理由不是鮑梅斯特所相信的那樣。表現的增進跟飲料裡的糖一點關係都沒有，反倒跟我們腦袋裡的想法非常有關。史丹佛的心理學家卡蘿．德威克（Carol Dweck）和她的同事們進行了一項研究，這項研究後來發表在《美國國家科學院院刊》上。德威克得出的結論是，自我耗損的徵兆只出現在受試者相信意志力是一種有限的資源時；並不是檸檬汁裡的糖，而是相信糖有功效的這個念頭，讓受試者有突出的表現。

「不把意志力視為有限資源的人，並未顯示自我耗損的徵兆。」

很多人依然推崇自我耗損這個概念，可能是因為他們不知道證據顯示的結果是恰好相反的。但是，倘若德威克的結論是正確的，那麼讓這個概念繼續留存下去就真的是有害了。如果導致自我耗損的主要原因是自我挫敗的意念，而不是生理上的限制，那麼在我們其實還可以堅持下去的時候，這個概念正好提供了一個放棄的藉口，於是讓我們更難以達成我們的目標。

邁可．因斯利特（Michael Inzlicht），一位多倫多大學的心理學教授、也是多倫多大學社會神經科學實驗室的主要調查員，他提供了另外一個觀點。他相信，意志力並非有限的資源，而它的運作方式更像是一種情緒，就像我們不會「用完」我們的喜悅或憤怒，意志力的退縮和流動，是回應我們遇到的事情，以及我們的感受。

從不同的角度來理解性情和意志力之間的關聯性，對於我們的專注力有很深的寓意。一方面，如果心理能量比油槽裡的燃料更像是一種情緒，就可以視為一種情緒去進行管理以及利用。一個蹣跚學步的小孩可能會因為拒絕給他某個玩具而大發脾氣，但是隨著年紀增長，他的自制力會變好，並且學會如何承擔不好的感受；同樣地。當我們需要執行一個困難的任務時，比起告訴自己說實在是累壞了，需要休息一下（可能還需要來點冰淇淋），去相信動機的缺乏只是暫時的要更有生產力也更健康。

當我們不再相信意志力是有限的，我們對意志力的認知，就只是性情的其中一個面向。近期些許研究找到我們思考人類天性其他面向的方式，以及我們後續執行的能力兩者之間的關聯。

例如，為了瞭解人們在對於香菸、藥物和酒精的癮頭，自我控制的感覺有多強，研究人員做了一項標準調查，叫作上癮症狀信念問卷，這項評量會依據受試者的藥物選擇做出修正，並且會用類似這樣的敘述：「一旦對於鴉片類處方藥的癮一上來，我就無法控制自己的行為」、「對鴉片類處方藥的癮比我的意志力強」以及「我會一直對鴉片類處方藥上癮」。

人們對於這些敘述的評分，告訴了研究者他們目前的狀態，也說明了他們多有可能繼續保持成癮的狀態。若受試者表示，隨著時間流逝，他們感覺到自己**愈來愈有自制力**，戒除的成功率也會隨之提高；相反地，針對甲基安非他命使用者以及吸菸者所做的研究發現，如果覺得自己無能為力、無法抗拒，這種人在戒除之後較有可能再度破戒。

這個邏輯並不令人感到驚訝，但是效果達到如此程度，實在令人印象深刻，一項發表在《酒精毒品研究期刊》（*Journal of Studies on Alcohol and Drugs*）上的研究發現，那些自認面對癮卻無能為力的人，再度開始飲酒的可能性要高得多。

「成癮者認定自己是無能為力的這種信念，跟生理上的依賴同等重要，會決定他們在療程結束後是否會重操舊業。」

試著去理解這件事——心態跟生理上的依賴有著同等的影響力！我們跟自己說了些什麼至關重要，替自己貼上缺乏自制力的標籤，的確會造成較低的自制力。不如告訴自己我們的失敗是因為我們就是不夠好，我們應該要更加疼惜自己，在我們經歷挫折時，寬容地對待自己。

幾項研究發現，比較懂得自我疼惜的人，感受到的幸福感也比較強。二〇一五年，一項包括了七十九項研究、超過一萬六千份自願者回覆的評論，發現「在面對挫折和自身缺點時，對自己……有著正面和關懷的人」比較快樂；另外一項研究則發現有自責傾向的人，再搭配上他們對困境不斷鑽牛角尖，這些幾乎可以通向那些導致憂鬱症和焦慮症的常見成因。比起其他一般來說會把人生攪得一團亂的事情，像是生命中的創傷事件、心理疾病的家族史、社會地位低下，或是缺乏社會支持等等，一個人自我疼惜的程度，對於他是否會形成焦慮症或是憂鬱症，影響要來得強且多。

好消息是，我們可以透過改變跟自己對話的方式，以培養自我疼惜的力量。這不表示我們不會把事情搞砸，我們都會。每個人都在面對各式各樣的分心，並且與之苦戰；重要的是，為自己的行為負責，但是也不要囤積這種有毒的罪惡感，這會讓我們感覺更差，而且說來諷刺，也會讓我們更加分心，好逃避羞恥感所帶來的痛苦。

「自我疼惜破除了這個經常伴隨著失敗而來的、令人痛苦的壓力循環，因此讓人面對沮喪時有更好的自癒能力。」

如果你發現自己有時候會聽從腦袋裡微弱的聲音，並讓它霸凌自己，那麼，知道如何去回應便尤其重要。與其接受這個聲音所說的事情，或是跟其爭辯，不如提醒自己，阻礙是成長過程的一部分，不練習的話就無法進步，而練習有時候會是相當困難的。

有一個不錯的經驗法則，你可以用像是在跟朋友談天的方式跟自己說話。我們非常了解自己，因此常常對自己做出最嚴厲的評論，但是如果我們像是幫助朋友一樣跟自己說話，我們可以看到真實的情況，告訴自己「要做得更好就是得這個樣子」或是「你在進步中了」，這是面對自我質疑時較好的處理方式。

❧ ❧ ❧ ❧ ❧

重新去構思內在誘因、我們的任務和性情，這是一股很強的力量，並且是從內在去建立分心的處理方法。面對不適感，反思而不是反擊，我們可以藉此處理掉讓我們感到不適的內在誘因；藉由在任務中尋找樂趣和更加專注其中，我們可以重新構思那些我們試圖去達成的任務；末了，最重要的是，我們可以改變看待自己的方式，來消除自我設限的信念，如果我們相信自己缺乏意志力和自制力，那麼我們真的會如此；如果我們決定自己是無能為力的，面對誘惑無法抗拒，就會成真；如果我們告訴自己天生就是有所欠缺的，我們就會相信這些話。

謝天謝地，你不需要相信自己所想的每件事，你只有在認定自己無能為力時，才會真的是無能為力。

本章一點通

- **重新構思我們的性情可以幫助我們管理內在誘因。**
- **我們不會把意志力用完**，認定自己的意志力會消耗殆盡，會讓我們更難去達成目標，因為在我們其實還有辦法堅持的時候，這種想法提供了一個放棄的藉口。
- **我們跟自己說了什麼至關重要**，替自己貼上缺乏自制力的標籤是一種自我挫敗的行為。
- **練習去自我疼惜**，用跟朋友談話的方式來跟自己對話，愈能夠自我疼惜的人，有著愈好的自癒能力。

第二部

替具有引力的事騰出時間

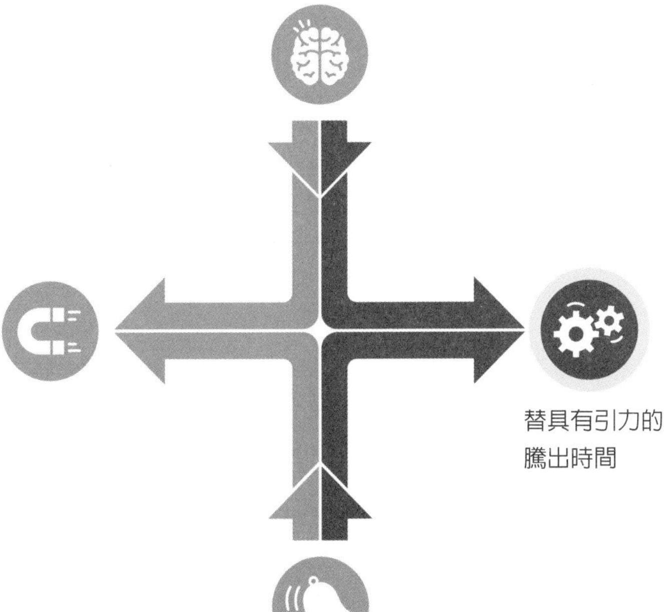

替具有引力的事
騰出時間

第九章

把你的價值觀換算成時間

如果說讓你分心的干擾會讓你遠離你人生真正所想要的，那麼引力就是拉著你走向目標。在第一部分中，我們學到了如何去處理讓我們分心的內在誘因，以及如何減少不適感的來源；倘若我們不去控制自己想要逃避不適感的衝動，我們將會永遠在替我們的痛苦尋求短期的特效藥。

下一步是要找到方法，讓引力更有機會產生，這要從我們使用時間的方式開始做起。德國作家也是哲學家的歌德相信，只要根據一個簡單的事實，他就可以預測到一個人的未來：「如果我知道你是怎麼使用你的時間，」他寫道：「那麼我就知道你可能會變成什麼樣子。」

想想看所有別人偷走你時間的方法。羅馬斯多葛學派的哲學家賽內卡寫道：「人們在保護個人財產時很是小心翼翼並且斤斤計較，但是一旦說到時間的浪費，卻又變得揮霍奢侈，而這卻是唯一一樣東西，應該正大光明地保持吝嗇小氣的態度。」雖然賽內卡寫下這句話時，距今已然超過兩千年，他所言之事到今日卻依然適用。設想看看我們用來保護財產的鎖頭、保全設備和倉儲設施，與之相比，我們用來保護時間的資源有多麼地少。

國際產品促銷協會（PPAI）發現，只有三分之一的美國人會規劃每日行程，意思就是說大部分的人每天早上起床之後，都沒有正式的計畫。我們最重要的資產——時間——就這樣子毫無防備地等著被偷走。如果我們不替自己的一天進行規劃，那麼別人就會替我們做了。

所以我們需要制定一個時程表，但是要從哪兒開始呢？一般的方法是做個待辦事項清單，我們把所有想做的事情寫下來，並且希望能夠在一天之中找出時間去做。然而不幸的是，這個方法有著嚴重的缺失，任何嘗試過製作這種清單的人，都知道很多任務會被一天一天地往後推遲再推遲。與其從我們要做「什麼」開始，應該從我們「為什麼」

要這麼做開始。而要做到這點，我們必須從我們的價值觀開始。

根據《快樂是一種陷阱》的作者羅斯．哈里斯（Russ Harris），價值觀指的是「我們想要成為什麼樣子、想要支持些什麼，以及想要跟周圍的世界產生怎麼樣的連結」。這幾項特質決定了我們想要成為怎樣的人，例如，可能是想要當個誠實的人、慈愛的家長或是團隊中有價值的一份子。我們無法達成自己的價值觀，就如同完成一幅畫並不會讓我們變得有創意。價值就像是一顆指引方向的星星，是一個固定的點，幫助我們在生活裡做選擇時有個方向可以跟隨。

即便有些價值觀會囊括生活裡每一個面向，但是大部分的價值觀都是針對某個領域，例如，在團隊中作為一個有貢獻的成員，一般而言是在工作的時候會做的事；當一個充滿關愛的伴侶或是家長，通常是在家庭的場域裡發生；成為追求智慧或是姣好身材的人，則是我們替自己所做的事。

問題在於，我們並不會替我們的價值觀騰出時間來。我們在無意間把太多時間花在某個特定的領域上，而支用了屬於其他領域的時間：我們忙於工作，因而支用了跟家人朋友好好相處的時間；如果我們疲於奔命地照顧孩子，則忽視了我們的身體、心理以及

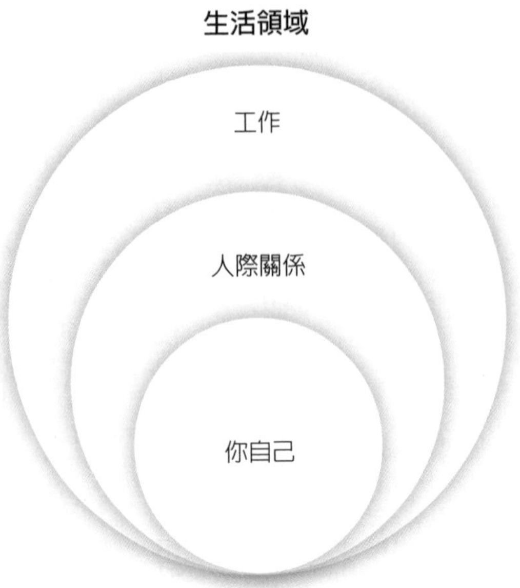

三個生活領域：你自己、人際關係以及工作。

友誼，並且讓我們無法成為自己想要成為的人。如果我們長期忽視自己的價值觀，我們會變成無法讓自己引以為豪的模樣——我們的生活會因此感到失去平衡並且受到貶低，而諷刺的是，這種糟糕的感覺讓我們更有可能去追求分心的行為以利逃避我們的不滿足，而非真正去解決問題。

無論我們的價值觀是些什麼，把價值歸類為幾個生活領域會有所幫助，這個概念早已存在數千年之久，斯多葛學派的哲學家希羅克勒斯把幾項義務，按照先後順序，用同心圓來說明我們生命當中互相聯繫的本質。

他把人類心智和身體放在中心，接著下一圈是近親，再來是延伸的家族，跟著是部族裡的夥伴情誼，緊接著是一個人所居城市的居民、公民以及國民，最後，最外圈則是其他所有的人類。

受這個例子所啟發，我創造了一個方法以簡化我們花最多時間的三個生活領域，並且用視覺化的方式呈現（如右頁所示）。

這三個領域勾勒出我們時間都花在哪裡，也給了我們一個方法去思考我們是如何去計畫自己一天中的時間，如此一來，我們就可以貨真價實地成為自己所想要的人。

為了要能夠在每一個領域中實踐自己的價值觀，我們必須要在行事曆裡保留這麼做的時間，唯有在行事曆上把特定的時間保留出來，留給引力（驅動我們靠近人生中真正想要的事物的那些行為），我們才能拒絕分心。若是沒有事先規劃，就不可能去區分什麼是引力，什麼是讓你分心的拉力。

「你不能把一件事情稱為分心，除非知道它是讓你從什麼東西分心。」

我知道很多人想到要按表操課就冷汗直流，因為我們都不想要受到限制，但是奇怪得很，我們在有限制的情況下，表現得其實更好。這是因為限制提供了一個結構，而空白的日程和那些裹腳布似的、長長的待辦事項只是用太多選項在折磨我們。

把時間騰出來給引力最有效的方法是透過「時間箱」（timeboxing）。時間箱採納了一個被充分研究的方法，心理學家把這個方法稱為「設定執行意圖」，這是一個華麗的詞彙，要表達的就是「決定你要做『什麼』，以及『什麼時候』要去做」。這個方法可以替你生命中的每個領域裡，具有引力的事情騰出時間來。

「目標是讓自己的行事曆上頭完全沒有空白，如此一來，你會擁有一個模板，讓你知道每一天想要如何去使用自己的時間。」

你運用時間做了什麼不是重點，你的成功與否取決於你是否真的做了你計畫要去做的事情。看看影片，滑滑社群媒體，做做白日夢，或是睡睡午覺，這些都沒問題，只要是你計畫中的事情。換句話說，查看電子郵件這個看似具有生產力的任務，如果是在你原本計畫要跟家人相處或是準備一份簡報的時候進行的，就會是一種分心。使用根據時間箱規劃的行事曆，是讓你知道自己是否分心的唯一方法，如果你不是把時間用在你本來計畫要做的事情上，那麼你就是偏離正軌了。

要製作一份時間箱式的週計畫表，你會需要決定在每個人生領域裡要花多少時間。你在自己身上、在重要的人際關係上、在你的工作上分別要花多少時間？注意，「工作」所指的不只是用來獲得報酬的勞務付出，工作領域可以包括社區服務、政治活動或是一些其他的計畫。

在每個領域上付出多少時間會讓你的行事符合自己的價值觀呢？作為開始，先替你完美的一週製作一個以週為單位的計畫模板，在本書附錄你會找到一個空白的模板，在NirAndfar.com/indistractable 也有線上的免費工具。

接下來，每週先預訂十五分鐘，問自己下面這兩個問題，進行思考並把你的行事曆製作得更為周全。

問題一（反思）：「在時間表上的哪些時候，我做了自己說要做的事情，而哪些時候我分心了？」為了回答這個問題，你必須回顧剛結束的一週，我推薦你使用本書附錄的「分心追蹤表」，來記錄你分心的時間和原因，如同布瑞可博士在第六章裡建議的，記錄你的內在誘因。

如果某一項內在誘因使你分心，下次這個誘因再次出現的話，你會採用什麼策略去處理呢？是否有一項外在誘因，像是一通電話、一個愛講話的同事，導致你必須停止你想做的事情？（我們會在第三部分談及一些方法，來控制外在誘因。）又或是計畫上的問題，讓你向分心投降了呢？無論是哪種情況，你都可以回去看你的「分心追蹤表」，幫助你回答下一個問題。

問題二（精進）：「我可以對我的行事曆做任何改變，好讓自己可以有時間，能夠更好地實踐自己的價值觀嗎？」可能是有出乎意料的事情突然發生，或是你計畫一天的方式有問題。時間箱讓我們可以把每一週視為一場迷你實驗，這麼做的目標在於搞清楚你前一週的行事曆上是哪裡出了問題，然後你下次就可以更輕易地去執行。重點在於藉由分辨一天中每個時段的引力和分心之間的差異，然後就可以付諸執行，去不停地改善你的行事曆。

當我們的生活出現了變化，行事曆可能也會隨之改變，但重點是一旦定下來了，一直到我們在下一輪決定去改善它之前，都要嚴格執行。以如同一個好奇科學家的態度來進行制定行事曆的這項活動，而非像一個士官長執行任務似的，給自己留一些經由反覆修改來改善的自由。

在這個部分，我們會去檢視如何替這三個人生領域騰出時間，我們也會討論到如何讓你跟生活中的利害關係人，像是同事和經理，在你期望怎麼使用自己的時間這一點上，保持一樣的步調。

再繼續往下之前，想想看你的行事曆現在長什麼樣子，我不是在問你做了什麼，而是在寫下這些事情的時候，你承諾要去做些什麼？你的行事曆上是否填滿了精心安排的時間箱？還是大部分是空的？行事曆是否反映出你是什麼樣的人？你任由時間被別人偷走，還是像對待珍貴且有限的資源一樣，小心翼翼地守護它？

透過把我們的價值觀換算成時間，我們保障了自己給予具有引力的事情足夠的時間，如果我們不事先計畫，就不該把矛頭指向讓我們分心的事物，在所有事情都變成一種分心的時候，也不該感到驚訝。變得心無旁騖的意思很大一部分指的就是確定你每天都替具有引力的事情騰出時間，而刪除那些阻礙你過著理想生活的、讓你分心的拉力；

理想的生活包括了照顧好你自己、你的人際關係以及你的工作。

本章一點通

- **你不能把一件事情稱為分心，除非知道它是讓你從什麼東西分心。**事前計畫是分辨具有引力的事情與分心的唯一方法。
- **你的行事曆反映了你的價值觀嗎**？為了要成為你想成為的那種人，你需要騰出時間來實踐自己的價值觀。
- **把一天的時間放入時間箱**。生活的三大領域：你自己、人際關係以及工作，這是一個基礎架構，讓你可以計畫一天的時間。
- **反思與精進**。定期改善你的行事曆，但是一旦排定了，就要執行。

第十章
控制你所投入的，而非所產出的

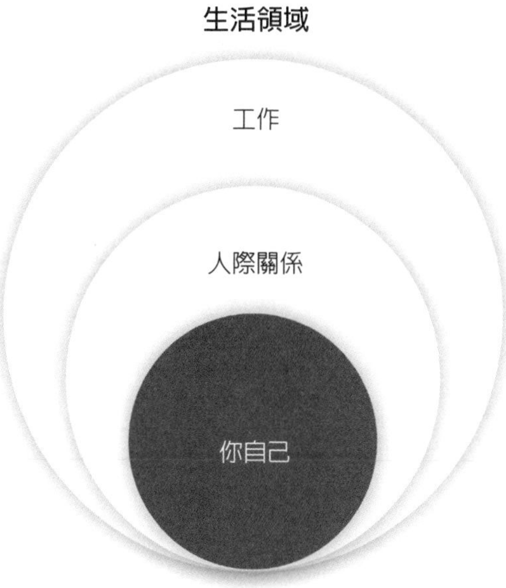

在這張呈現你的生活的圖表中，你是這三個領域的中心點，而且就像所有貴重的事物一樣，需要去維護以及關懷，然而這需要時間。就像你不會在開會的時候放老闆鴿子，你也絕不應該在自己跟自己的約定上爽約，畢竟，還有誰比你更能夠讓你過著你想要的生活呢？

運動、睡眠、健康的三餐，以及閱讀或收聽有聲書的時間都是自我投資的方法，有些人重視正念認知和靈性的連結或是反思，所以可能會想要有時間祈禱或是冥想；其他人則重視技能，因此可能想要有自己的時間來從事某個嗜好。

照顧好自己是三個領域的核心，因為另外兩個都得依賴你的身心健康，如果你不照顧好自己，你的關係也會出問題。同樣地，當你並未給予自己足夠的時間，來維持身體和心理健康的時候，你的工作就不會是在最佳狀態。

我們可以從規劃「你自己」的時間箱開始，最基本的，我們的行事曆上需要包括睡眠、梳洗和攝取適當的營養的時間，儘管滿足這些需求聽起來很簡單，我得承認在我學會把我的一天化成時間箱之前，我犯了錯，常常工作到很晚，在那之後再趕緊吃個雙層起司漢堡、炸薯條和一杯讓人墮落的巧克力奶昔作為晚餐——與我願景中理想的生活風格完全背道而馳。

藉著把時間保留下來，並且在「你自己」的這個領域裡頭實踐你的價值觀，你會有時間去仔細考慮你的行事曆，並且去想像你想成為的人應該具有什麼樣的特質。當你的身心變得強大，你也會更有可能漸漸兌現你的承諾。

你可能會想：「在行事曆上安排時間留給自己，這一點很好、很理想，但是倘若都騰出時間了，我們還是沒有做到我們想做的事，怎麼辦？」

數年前，我開始會在每天凌晨三點醒來。多年下來，我讀了許多文章，告訴我休息的重要性，相關研究結果也是一清二楚——我們需要高品質的睡眠，這我也都知道。但是我卻輾轉難眠，無法按照計畫擁有七到八小時的睡眠時間，我對此感到失望。這在我的行事曆中，那麼我為什麼睡不著呢？結果，睡眠並非完全在我的掌控之中；我的身體選擇保持清醒，我束手無策，但是我可以控制自己對這件事情的反應。

一開始，我跟許多人遇到自己無法依計畫行事時一樣，我覺得氣急敗壞。我會躺在床上，思考著我現在還沒睡著，而這是件多糟糕的事、隔天早上會有多累、頭腦會有多昏沉；然後我會開始思考隔天要做的事，我會仔細地琢磨著這幾個念頭，直到我完全無法想到任何別的事情，諷刺的是，我正是因為擔心著自己再也睡不著這件事而無法再次入睡——這是失眠常見的原因。

而當我一認清我的反芻思維本身就是一種分心行為，我就立刻開始用比較健康的方式來處理它，具體來說，如果我醒了，我就會反覆唸著一句咒語：「身體會獲得身體所需要的。」這個心理狀態上微妙的改變，讓睡眠不再是一項必需品，也因此消除了壓力。我的職責是提供身體休息所需要的時間和空間——接下來會發生什麼事，就不在我的控制範圍內了。我開始把睡到半夜醒來，視為閱讀電子書的一個機會，並且不再擔心自己什麼時候才能再度入睡。[1] 我向自己保證，如果我當下沒有累到會立刻再度睡著，那是因為我的身體已經獲得足夠的休息了，我讓自己的心理放鬆，不再憂心忡忡。

接下來的發展，你應該看出來了吧？我的反芻思維一停止，我就再也不會夜夜難眠。很快地，我開始能夠相當規律地，在幾分鐘內睡著。

這裡我們學到一件很重要的事，遠超過如何獲得充足的睡眠，要記得的一個重點是，說到時間安排，不要再去擔心我們無法控制的結果，而是去專心在我們能夠掌控的，也就是要有多少的投入。我們所花在某件事情的時間，如果換得好的成果，這是希望，而非必然。

「我們能夠掌控的唯一一件事，就是我們投入一項任務的時間。」

我是否能夠在指定的時刻入睡，或是當我坐在桌前，是不是就會靈光乍現，腦中浮現對於下一本書來說具有突破性的點子，這些不全然是我隨心所欲的，但有一件事是確定的：假如我沒在對的時間待在對的地方，就絕對不會去做我想做的事，不論是在想要睡覺時去到床上，或是想要做好工作時坐到書桌前，倘若我缺席，就注定會失敗。

我們常會覺得只要在每個單位時間裡完成更多的事情，就可以解決分心的問題，但是更多的時候，真正的問題是我們沒有給自己時間去做我們說要做的事。藉由把「你自己」的時間放進時間箱裡，並且堅定地去執行，我們就可以履行跟自己的約定。

---

1 Kindle 電子書閱讀器比起其他裝置，對睡眠的傷害較小。Anne-Marie Chang, Daniel Aeschbach, Jeanne F. Duffy, and Charles A. Czeisler, "Evening Use of Light-Emitting EReaders Negatively Affects Sleep, Circadian Timing, and Next-Morning Alertness," *Proceedings of the National Academy of Sciences* 112, no. 4 (January 27, 2015): 1232, https://doi.org/10.1073/pnas.1418490112.

本章一點通

- **先安排留給你自己的時間**。你是三個生活領域的中心，如果沒有分配時間給你自己，另外兩個領域也會跟著受罪。
- **在你說你會出現的時候真的到場**。你無法百分之百地控管你花費時間之後的產出，但你可以控制自己在一項任務上要投入多少時間。
- **投入比起產出要來得確實得多**。要過著自己心目中理想的生活，要明確地知道，你唯一應該專注的事情是把時間分配給能夠讓你實踐自己價值觀的事情。

第十一章 替重要的人際關係安排時間

家人和朋友會讓我們能夠實踐人際關係、忠誠以及責任感這些價值觀。他們需要你，你也需要他們，所以他們顯然要比「剩餘受益人」（residual beneficiary）要來得重要得多。我第一次聽到這個詞是在經濟學入門的課堂上；商業上的剩餘受益人指的就是，在公司關門大吉時，拿到剩下的殘存利益的傻蛋——一般來說，微乎其微。生活中，我們所愛的人值得更好的對待，然而，如果我們不謹慎安排自己的時間，他們就會淪為典型的剩餘受益人。

我最重視的價值觀之一就是做一個充滿關愛的、關係緊密的、有趣的爸爸。儘管我以此為志，成為一個無微不至的爸爸，卻不總是「方便的」。客戶來信，告訴我我的網站當掉了；水電工發來的簡訊，告訴我他的火車停駛，所以要再重新約時間；我的銀行通知我信用卡有異常的支出；與此同時，我的女兒坐在那兒，等著我在金拉米（Gin Rummy）遊戲中，出下一張牌。

為了要解決這樣的問題，我每週刻意安排了與女兒相處的時間。跟我安排會議時間，或是安排屬於自己的時間差不多，我在行事曆上劃出一段時間來陪她。為了確保我們一直都有有趣的事情可以做，我們花了一個下午的時間，寫下來超過一百件可以一起在市區做的事，每一件事都分別寫在一張小紙條上頭，然後我們把每張小紙條都揉成團，放進我們的「樂趣桶」裡。現在，每個星期五下午，我們會直接從樂趣桶裡面抽出一個活動來做，有時候我們會去參觀博物館，有時候我們會在公園裡玩，或是去市區另一頭的一家評價很好的冰淇淋店。那段時間是保留下來，專屬我們的。

說實話，樂趣桶的這個點子並非如我期望中的那樣順利進行，當紐約的溫度已經降到冰點以下，要我打起精神前往遊樂場相當困難。遇到這樣的日子，一杯熱可可和幾章《哈利波特》的故事，對我們兩個來說都要誘人得多。總之，重要的是，我在我每週的行事曆中，優先考量到要實踐自己的價值觀這一點。擁有這樣的一段時間讓我得以成為我心目中所期待的爸爸。

同樣地，我和我的太太茱莉會確認自己安排了時間，可以跟彼此相處。我們會計畫特別的約會，一個月兩次，有時候我們會去看一場現場演出，或是大啖異國料理，但大部分的時候，我們只是花上幾個小時來散散步，聊聊天；無論做什麼，我們都知道這段時間是牢牢地固定在行事曆上，並且不會因為其他事而有所讓步。沒有這段共同時間的日子，我們太容易讓其他的事務占據我們一整天的時間，像是去買買日用品或是打掃房子。我跟茱莉安排的時間，讓我得以將親密關係這項我重視的特質，付諸實踐。再也沒有其他人可以像她一樣讓我傾吐心聲，但唯有在我們安排了這段時間的時候才可能達成這個狀態。

平等是我的婚姻裡面另一項相當重視的特質，我一直以為我的表現都符合這一點。

但我錯了，在我跟我太太安排好了共同的時間之前，我發現我們兩個一直為了家裡有些事為什麼沒人去處理而發生口角；數項研究指出，在異性戀伴侶之間，丈夫並未公平地分配家務。說起來令人傷心，但得承認我也屬於這種丈夫。紐約的一位心理學家達西．洛克曼（Darcy Lockman）在《華盛頓郵報》上寫道：「雙薪家庭中，職業婦女負起了家庭裡百分之六十五的兒童照顧責任，這個數字在千禧年之後就保持如此。」

但是，如同洛克曼在她的研究中所訪談的許多男士一樣，我對我太太所承擔的家務渾然不覺，就像一位母親告訴洛克曼的：

當我像個瘋子似地到處團團轉，購買孩子們的東西或是洗衣服的時候，他不是在用手機，就是盯著電腦看；當我早上忙著裝便當，把女兒的衣服拿出來，幫著兒子完成他的作業，他正在喝著咖啡，看著他的手機。他就只是坐在那。他不是故意的，他對身邊發生的事情絲毫不知情，一旦我向他問起，他就變得防衛心很強。

彷彿洛克曼訪問的就是我太太本人似的，但如果我太太需要人幫忙，她為什麼不說呢？之後我才恍然大悟！搞清楚我能幫上什麼忙，本身就是一種付出。茱莉無法告訴我該如何幫她，因為她腦裡已經一大堆事情了，她希望我主動一點，直接起身，動手去幫忙。但我不知道該怎麼做，一點概念都沒有，所以我不是困惑地呆站在那裡，就是溜去做別的事。太多個晚上都是照著這個劇本走，最後都以延遲的晚餐、受傷的心情，有時還伴隨著眼淚落幕。

在我們的某個約會日，我們坐下來，把自己負責的所有家務事都列出來，並確認沒有落下任何事情。把我所列出來的，跟茱莉列出來的兩相比較（那看起來無限長），這給了我一記當頭棒喝，讓我理解到我需要調整一下自己對於婚姻生活裡平等的觀念。我們同意了要平分家務事，並且，最重要的是，把家務事安排進計畫表上的時間箱裡，這樣一來，哪些任務會在什麼時候完成，也就非常明確了。

找出一個比較公平的方式來分配家務替我找回了婚姻生活裡的平等，也讓我挽回了尊嚴，也提高了擁有一段長久且幸福關係的機率。洛克曼的研究也支持這種做法的優點：「愈來愈多家庭與臨床研究顯示，配偶間的平等，會提升婚姻的成功率，而不平等則會使其降低。」

安排時間給家人，並確保他們占有我的時間，不再只是剩餘時間的受益人，這毫無疑問地大大改善了我跟我太太和女兒的關係。

「我們最愛的人不應該要獲得剩餘的時間就感到滿足；當我們在行事曆上替我們所重視的事情排定時間，並將份內的事付諸執行的時候，所有人都會因此受益。」

這個領域不只有家人。不替重要的關係安排時間比大多數的人所想像的更為嚴重。最近的研究顯示，缺乏社交活動不只是會導致孤獨感，而且還會在生理上造成一些有害的影響。事實上，親密友誼的缺乏，可能會對你的健康有所傷害。

在友誼影響壽命這方面，最具有說服力的證據，來自哈佛成人發展研究計畫所進行的一項研究。這項研究現在還在持續進行中。自一九三八年起，研究人員就一直在追蹤七百二十四個男人的健康狀況以及社交習慣。這項計畫目前的主持人羅伯．威丁格（Robert Waldinger），在一場 TEDx 的演講中說道：「從這項長達七十五年的研究中，我們所得出最清楚的一個訊息就是『好的關係讓我們保持快樂與健康。』就這麼簡單。」根據威丁格，缺乏社交連結的人「比較不快樂，並且中年以後較早開始出現健康衰退的狀況；腦功能退化得也比較快；而且，比起不孤單的人，他們的壽命較短」。威丁格警告道：「不只是你所擁有的朋友數量……你的親密關係的品質很重要。」

高品質的友誼要具備什麼呢？俄亥俄大學一位人際溝通學的教授威廉・羅林斯（William Rawlins），他研究在生命的進程中，人與人彼此互動的方式，他告訴《大西洋》雜誌，擁有讓人感到滿足的友誼需要三樣東西：「有人聽你說話、讓你依賴、以及有人讓你樂於與其相處。」在我們年紀尚輕的時候，通常是自然而然就可以找到一個聽你說話、讓你依賴，並且樂於與其相處的人，但是當我們逐漸成年，維繫友誼的模式就不再那麼清楚明朗了。畢業後，我們與好友各奔前程，追尋各自的事業，開始新的生活，相隔數千哩遠。

突然之間，比起跟好友們開懷暢飲，工作上的義務和事業上的企圖變得更加優先。如果再有孩子的加入，在城裡狂歡的夜晚，就被躺在沙發上筋疲力竭的夜晚給取代。但不幸的是，我們在他人身上所投資的時間愈少，我們就愈容易將就於沒有他們的生活，直到有一天，彼此已經變得太過於生疏，無法重新建立彼此的連結了。

「友誼是這麼死的——餓死。」

但就如同研究中所揭示的，任由友誼挨餓枯萎，同時也是在讓自己的身心營養不良。如果滋養友誼的食糧是與彼此共度時光，那麼，要如何騰出時間，確保彼此都能攝取足夠的養分？

雖然我們的行程忙碌，又被孩子占滿，我和我的朋友們依然發展了一套社交的定式，來確保我們定期相聚。我們把這段時間稱為「kibbutz」，也就是希伯來文的「聚會」。我們的聚會，包含我和我太太，總共有四對夫妻，每兩週會聚一次，中午一起野餐，討論一個問題，話題可能從深度的提問，像是：「哪一件事情是你父母教授予你，並讓你萬分感謝？」到一些比較實際的問題，像是：「我們應該要強迫孩子們學習他們不想學的東西嗎？像是彈鋼琴？」

擁有一個話題在兩個方面對我們有所助益：其一，讓我們跳過運動或是天氣這種無謂的閒聊，並且讓我們有機會敞開來談更重要的事情；其二，讓我們不會按照男女分成兩組人，這在夫妻聚會中經常發生——男生聚在一個角落；女生另外一角落。擁有當日提問讓我們可以全部一起聊天。

聚會最重要的元素是持之以恆，無論是下雨或是出太陽，kibbutz 都會按照每兩週一次的頻率出現在我們的行事曆上面——同樣的地點，同樣的時間。不必為了達成協議，確保活動成行，而來來回回地用郵件溝通。為了讓這件事更加輕鬆簡單，每對夫妻都會自己準備食物，所以現場也不會有準備和善後的問題。如果一對夫妻無法前來，沒關係，kibbutz 還是會照計畫進行。

聚會大概會持續兩個小時，並且，每回我離開的時候都會帶著新的想法或是見解，最重要的是，我感覺跟我的朋友又更近了。既然親密的關係是那麼重要，那麼勢必要事先計畫。認知到有段時間是保留下來進行 kibbutz，這可以確保它如期進行。

無論你需要什麼樣的活動，來滿足對於友誼的需求，重要的是在你的行事曆上保留時間來進行。我們跟朋友們在一起的時間不只是為了玩樂——這是對於我們未來的健康和幸福所做出的投資。

本章一點通

- **你所愛的人值得更好的，而不只是剩餘的時間。**如果是對你來說很重要的人，要定期在行事曆上替他們留出時間。
- **不只是要跟你重要的另一半安排特別的約會，把家事也放進行事曆裡面，**確保工作是平均分擔的。
- **缺乏親密的友誼可能對你的健康造成傷害。**安排定期的聚會，可以確保重要關係的維繫。

第十二章 工作時，跟你的利害關係人保持同步

不同於人生的其他領域，不需要我來提醒你要騰出時間來工作，在這個部分你大概也沒有太多的選擇。既然在你一天中清醒的時間裡，工作很可能會比其他領域都占據更多的時間，那麼確保你把時間花在跟你的價值一致的事情上頭就更為重要了。

工作可以讓人實踐合群、勤奮和

毅力的這些價值觀，也讓我們在替別人的利益——像是我們的客戶或是某個重要的目標——付出勞力的同時，可以把時間花在有意義的事情上面。不幸的是，我們很多人都感到自己的工作日總是很忙碌而且亂糟糟的，不停地被打斷，漫無目的的會議和永遠不會停止的電子郵件，像是瘟疫一樣感染了所有的工作時間。

幸好，不是非得如此。彼此之間把價值觀和自己的期望釐清的話，就可以做得更多，活得更好。釐清各自安排工作時間的方法，可以促進並且強化一段良好的工作關係裡最核心的特質：信任。

每個公司都有自己的政策，但是，說到員工是怎麼管理自己的工作量時，很多經理人都不太清楚他們的同事都把時間花在哪裡。同樣地，對於員工而言，最不清楚的部分就是他們該怎麼使用自己的時間，不管是工作上或是工作以外的時間。下班以後，員工要多頻繁地回覆訊息？他們必須要參加聚餐或是其他「強制的娛樂」活動嗎？經理人和客戶會期待員工及時完成臨時交辦的緊急任務嗎？他們應該要讓他們的伴侶知道，要讓他們做好心理準備，當公司高層來訪時，可能會需要深夜外出嗎？

這些問題至關重要，因為會直接地影響我們的行事曆，並且緊接著影響到我們分配給其他人生領域的時間。一份最近的調查發現，百分之八十三的職場人士會在下班後查看電子郵件；同一份研究也指出，三分之二的受試者在度假時會攜帶工作相關的裝置，像是筆記型電腦或是智慧型手機；而有大約半數的受試者表示他們曾經在與家人或朋友的聚餐場合，發送工作相關的電子郵件。

工作到很晚，或是需要在下班時間回覆工作相關的訊息，就意謂跟家人和朋友相處，或是留給自己的時間減少了。如果這些要求超過了員工所同意承受的，信任感和忠誠度就可能會被侵蝕，連帶著個人的健康和關係也是。問題在於，一般而言我們並不知道這些問題的答案是什麼，直到我們身在其位。

從員工的觀點來看，有很多事情依然是無從得知。當任務和專案比原本所計畫和預期的花費了更多時間，經理人就自己猜測原因何在。是員工能力不足嗎？還是他缺乏動力？她在找其他工作嗎？他們都把時間花去哪裡了？作為表現不如預期的回應，經理人常常會要求員工做更多的事以及更長的工時。但是這個膝反射似的反應，是在要求員工比所預期的付出更多，也讓工作關係變得更緊張，甚而致使他們以微妙的方式反彈。

反彈是什麼樣子呢？大部分的時候是不經意的，我們會發現自己在做不是那麼重要的事情，在辦公桌前顯得鬆懈，跟同事聊天聊太多，並且整體的產出下降。

其他時候，我們（可能是無意識地）會假意在工作，進而傷害到公司，做那些看似是工作的事，卻不是對公司而言最要緊的事。（試想：把時間花在附加的小計畫上頭、拉攏人脈、寄出更多電子郵件，或是召開更多不必要的會議。）這種反彈行為在工時變長時，可能會有所增加。事實上，研究發現，每週工時超過五十五小時的人，生產力會下降；這個問題還會伴隨著錯誤率提高，無端增加同事的工作量，結果是要花費更多時間，產出卻變得更少。

這種瘋狂的情況要怎麼解決呢？

「使用一份詳細規劃的、時間箱式的行事曆，有助於釐清雇主和員工之間核心的信任約定。」

經由定期的檢視，雙方都可以知道，員工的時間是否花費得當，並且協助他們把時間分配在更重要的任務上。

有位在一家曼哈頓的大型科技公司工作的廣告業務，艾波，在她的時間表中掙扎不已。為了獲得管理職，提高銷售量的壓力不斷增加，她必須要做得更多，這讓她原本友善的性情變得暴躁。這些壓力以更多的會議、未經規劃的談話，和更多的電子郵件的方式，感染了她的時間表，多餘的工作把她的時間塞滿，讓她沒有時間專注於更優先的事情上：照顧客戶，談到更多買賣，並且展現出更好的成果。

我在艾波的辦公室跟她見面的時候，她看起來心力交瘁，只剩下兩個月的時間，她就得達到年度業績一千五百萬美元的三分之一，而我可以看出來，她心不在焉。艾波害怕自己無法達標，並且認定她自己就是問題所在——她一定是工作得不夠認真，所以還要再做得更好。在她的心裡，「更好」的意思是花更多時間在工作上。

努力地想要提高生產力的這個想法把艾波弄得很悲慘，也導致她忽視了生活中的其他領域。但是生產力本身並不是她的問題所在，她是個生產力很高的人，可以在很短的時間內榨出很多成果，而問題在於她缺乏一個時間箱式的行事曆，再加上她畫地自限的想法，以為問題在她而非在於她的時間管理。「我動作太慢了。」有一天在吃午餐的時候，她這麼告訴我。但是艾波沒有任何問題，她動作並不慢，可是她的確對於她的新角色缺乏必要的生產力工具。

雖然，規劃她的工作時間對她而言並不是那麼自然的一件事，艾波把她的工作天根據她想完成的最重要任務分成幾個區塊。她先劃出需要專注工作的時間，她知道製作新提案給客戶時，如果不被打斷，可以做得更快更好，每一次的分心都會讓她慢下來，而且重新開始繼續製作提案也會愈來愈困難。接著，她保留了一塊時間，用來打電話給客戶和開會，再來是下午的時間，用來處理電子郵件和訊息。我鼓勵艾波跟她的經理大衛分享她用時間箱所安排的行事曆。

令她感到驚訝的是，當他們兩個人坐下來討論她的時間安排，艾波發現，對於她想要讓自己的一天更有規劃時，大衛表示非常支持。「他知道我當時是蠟燭兩頭燒，」她告訴我：「當我提出一份週計畫表，他看起來真的是鬆了一口氣，他告訴我，如此一來，他就知道何時可以打電話來或是傳訊息給我，而不是去猜測我是不是正跟家人在一起，這相當有幫助。」

當她跟大衛坐下來談，她發現那些把行事曆塞得水洩不通的任務中，有一些對於大衛而言，與她用來談生意的時間相比，根本沒那麼重要。多虧了他們這項新達成的共識，大衛同意讓她不必出席那麼多的會議，或是帶那麼多人，並且向她再次保證這些不會對她的事業展望有負面影響，只要她把這些時間用來處理最重要的任務：增加營收。

為了讓他們保持同步，他們決定每週一上午十一點花十五分鐘的時間開個會，檢視艾波當週的計畫，確保艾波把自己的時間用在刀口上，如果必要的話，也讓他們可以彼此調整。在會議的最後，她發現她可以對自己的工作時間安排有更大的控制權，也減少了晚上她跟手機形影不離的時間——這是她犧牲個人時間所換來的。艾波非常喜歡這個結果：能夠詳細地看出她整週的時間安排，這樣的安排符合她的價值觀，分心減少了，而最終，給她更多時間去做她真正想做的事。

並不是每個人都跟艾波一樣，艾波分配時間的方式不會是你利用時間的方式，但是讓時間規劃能夠同步是最重要的，無論是跟家人同步，或是跟老闆同步。當務之急是，定期確認彼此對你分配時間的方式有同樣的期待，而且一定要是定期進行，並且要預期每次的確認都更符合彼此的期待。如果你可以做到讓時間安排每週同步，接下來就是去檢查一下，並且取得許可，讓他們對你的時間安排表示同意；但如果你的行事曆每天都很不一樣，把每天快速的確認變成例行公事，對你和你的主管都會有所幫助。如果你需要向好幾個主管回報，時間箱式的行事曆可以作為一種你在時間分配上取得一致步調的方式，當你的時間規劃都是透明的時候，有哪些事情正在進行中也就一目瞭然了。

記得，心無旁騖的模型有四個步驟，管理內在誘因是第一個步驟，而替具有引力的事情騰出時間則是第二個步驟；但是還有很多事情是我們可以去做的，你馬上就會學到。在第五部分中，我們也會深入去了解公司文化所扮演的角色，以及為何持續地分心是組織運作失靈的一個徵兆。而現在，重要的是，不要輕忽了這個很簡單卻非常有效的技巧——同步你們的行事曆。

無論是在工作上、在家還是自己一個人，事先規劃和使用時間箱來安排時間，都是讓我們變得心無旁騖的一個重要步驟。藉由決定我們把時間用在哪裡，並且讓利害關係人能夠在生活中與我們同步，我們所保障的是，自己在做的都是重要的事情，而那些不重要的事則不予理會。這會讓我們的時間從繁雜瑣事中解放，並且把我們浪費不起的時間要回來。

但是當我們重新取得這些時間的時候，要怎麼才能發揮最大值呢？我們會在下個部分探討這個問題。

本章一點通

- **要騰出時間來進行具有引力的事情，跟你的利害關係人同步你的時間規劃，這點至關重要。**如果無法看出你的時間花在哪裡，同事和主管們就有可能用額外的工作讓你分心。
- **時間規劃有變動就要立刻同步。**如果你的行事曆每天都會改變，那就每天確認。但是，多數的人都認為一週協調一次就夠了。

第三部

對付外在誘因，把它駭回去

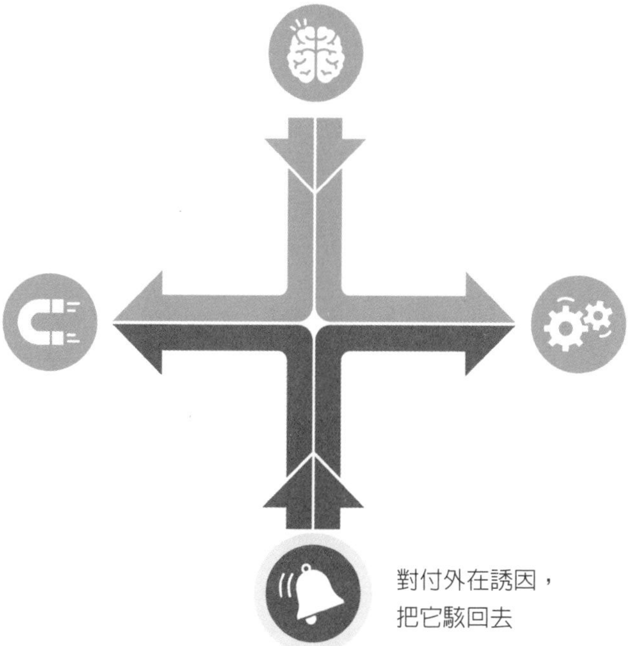

第十二章
問出關鍵問題

溫蒂是一位自由接案的行銷顧問，她對自己下一個小時必須做的事情一清二楚。她的行事曆告訴她，她九點得坐進辦公椅，開始撰寫給新客戶的提案，這也是她一天當中最重要的任務。她開啟筆電，打開螢幕上的客戶資料夾，非常熱切地想要拿下這筆生意。當她用雙手捧起馬克杯，輕啜了一口咖啡，絕妙的想法突然蹦進她的腦袋，可將它加入提案之中，「一定棒透了！」她這麼想著。

但是在她還沒來得及把這個想法寫下來之前——叮！——她的手機隨著一則通知響了起來，一開始，溫蒂無視於這個干擾的入侵，她簡單寫下了幾個字，這時，她的手機又再度響起，另一則通知進來了。這次，她的專注力被撼動了，她開始好奇，如果是客戶在找她怎麼辦？

她拿起手機，結果發現只是一個有名的饒舌歌手發了一則無關緊要的推特，在社群媒體上引起了議論紛紛。她退出這個 app，另外一則通知又吸引了她的目光。她的母親傳了一則訊息跟她說早安，溫蒂傳了一個心形符號給母親，讓她知道自己很好。哦，這又是什麼呢？LinkedIn 的 app 上方冒著一個鮮紅的通知泡泡，這是一款職場上使用的社群網路 app，會不會是一筆新的生意機會，正在等著她回覆呢？不是，只是一個負責招募的專員看到了她的經歷檔案，並且感到相當滿意。

溫蒂很想回覆他，但她惦著該留意時間，已經九點二十分了，而她在提案上沒有任何進展。最慘的是，她已經忘了她之前很興奮地想加進提案裡的那個重要點子了。「怎麼會這樣？」她埋怨著自己。儘管有重要的工作要做，溫蒂卻沒有去完成它，她再一次，分心了。

這個情境似曾相識嗎？我們很多人在早上都有過類似的經驗，這種時候，分心的來源就不是內在誘因了，而是外在誘因，像是手機上的通知，一聲叮咚、噹的聲響、鬧鈴，甚至是其他人，無所不在，讓人難以忽視。

是時候我們應該要反擊，把它駭回去了。在科技上「駭」所指的是「未經授權而進入一台電腦或一個系統來取得資料」，同樣地，我們的科技裝置可以鼓吹我們去分心，利用這種方式，未經授權，卻進入了我們的大腦。臉書的首任總裁西恩．帕克（Sean Parker）在描述社群網站是設計成要操弄我們的行為時，也承認了這點：「這是一項獲得社會認可的回饋迴圈，」他說：「完全就是像我這樣的駭客會想出來的東西，因為利用的是人類心理上的弱點。」

為了要開始反擊，並駭回去，我們首先需要理解科技公司是怎麼利用外在誘因並達到這麼好的效果。帕克口中的「人類心理上的弱點」究竟是什麼？它讓我們這麼容易受到外在誘因的影響並導致分心。

二〇〇七年，史丹佛大學說服科技實驗室的創辦人B．J．福格（B. J. Fogg）教過一門課，主題是「大眾人際說服力」。在修課的學生當中，有人之後會在事業上採用他的方法，用在一些像是臉書或 Uber 的公司裡。Instagram 的共同創辦人麥克．克瑞格（Mike Krieger），在福格的課堂上製作了一款 app 的原型，最後他用十億美元的價格將其售出。

當時還是史丹佛商學院學生的我，參加了一場在福格家進行的進修會，他在這裡更深入地去教授說服技巧。能夠擁有第一手經驗，跟他學習，這在對於人類行為的理解上是一個轉捩點，他教給我一個新的方程式，而這改變了我看世界的方法。

福格的行為模型表示：要產生一個行為（B），必須有三樣東西同時出現：動力（M）、能力（A）和誘因（T），簡單來說，就是B＝MAT。

根據羅徹斯特大學的心理學教授艾德華．德齊（Edward Deci），動力指的是「進行一項行為所需要的精力」。當我們很有動力的時候，我們有很強烈的意願以及所需的精力，去進行某項行動；而當我們缺乏動力的時候，我們則缺乏所需的精力來執行任務。與此同時，福格的方程式裡面，能力跟動作進行的順利程度有關。這很容易理解，一件事情做起來愈困難，實行的可能性就愈低；反過來說，一件事情做起來愈容易，我們就愈有可能去做。

當有了足夠的動力和能力，我們就已經準備就緒，可以去進行特定的行為；但是，若是沒有重要的第三個元素，這個行為也不會發生。我們總是需要一個誘因，來告訴我們下一步要做什麼，我們在上一個部分中已經討論過內在誘因；但若是說到我們天天使用的產品，以及那些會讓人分心的干擾，來自環境的刺激就扮演了很重要的角色。這些刺激，也就是外在誘因，會讓我們採取行動。

「今日，我們面對分心時所遇到的掙扎，經常就是面對外在誘因的掙扎。」

「當黑莓機在二〇〇三年推出電子郵件推播服務時，使用者都感到歡欣鼓舞：他們不必再時不時去收信，唯恐漏掉了重要的訊息；黑莓機保證了，郵件進來的時候，手機會告訴你。」大衛．皮爾斯（David Pierce）在《連線》雜誌裡面寫道。蘋果和Google很快跟進，並把通知的功能做成手機作業系統的一部分。「突然之間，如果有任何人想要吸引你的注意力，都有辦法跳進你的手機裡。」皮爾斯繼續說道，「推播通知已證實是行銷人員的夢想：如果不點開來看的話，實務上不可能去區分簡訊和電子郵件，所以在你把通知消掉之前，你一定得先看過。」

查看這些通知的代價不菲，外在誘因可以快速地把我們的注意力從計畫好的任務中拉走。研究人員已經發現，任務進行中被打斷的話，為了彌補失去的時間，接下來通常會加快速度，但是代價就是高度的壓力和挫折感。

我們給予外在誘因愈多的回應，就愈是在訓練我們的大腦繼續留在「刺激—回應」的無限迴圈中。我們養成了一組條件反射，要立即地給予回覆；很快地，去進行我們計畫好的事情看起來就像是天方夜譚，因為我們老是在對外在誘因做出回應，而不是去參與我們面前的事情。

答案或許就只是不要理會外在誘因。如果我們再遇到通知、電話響和干擾時，不要有所行動，或許就可以著手進行正事，並且在這些干擾出現時，迅速地讓它們安靜。

等等，沒那麼快！一項發表在《實驗心理學期刊：人類知覺與行為》的研究發現，在手機上收到一則通知，但是不去回應，跟回覆一條訊息或是接起一通電話同等地令人分心。同樣地，位於奧斯丁的德州大學進行了一項研究，研究的作者們提到：「僅僅只是智慧型手機的在場，就可能會讓『腦力外流』，因為專注力的用量有限，又被拿來抑制自動產生的、對手機的注意力，因此就讓你無法專注進行手上的任務。」讓你的手機停留在視線範圍內，你的大腦就得要更努力地運作來忽視它，但如果你的手機並不是在容易取得或是視線所及的地方，你的大腦就能夠專注在手邊的工作。

好在，並不是所有的外在誘因都會對專注力帶來傷害；有很多方法，可以讓我們借力使力，讓這些外在誘因對我們有所幫助。舉例來說，包含鼓勵文字的簡訊，對於戒菸的幫助非常有效。有一項針對介入治療的整合分析，這項分析囊括十個國家，其研究發現：「證據顯示，手機簡訊的介入，對於減少吸菸行為有著非常清楚明確的效果。」

問題是，儘管外在誘因可能提供潛在利益，收到太多的外在誘因可能會對我們的生產力和幸福感造成破壞性的影響。那麼，我們要怎樣才能區分外在誘因的好壞呢？祕密就藏在這個關鍵問題的答案裡：

「這個誘因是在替我服務，還是我在替它服務？」

記住，就如同福格的行為模型所描述的，所有的行為都需要三個要素：動力、能力以及誘因。有一個好消息是，把沒有幫助的外在誘因給移除，這個簡單的步驟讓你可以往前邁進，更靠近你的目標，去控制多餘的分心行為。

當我向那個掙扎著要專心工作的行銷顧問溫蒂提出這個挑戰，要她向自己提出這個關鍵的問題時，賦予了她力量，讓她可以開始把那些毫無幫助的外在誘因各自歸位。她開始可以替自己做出決定，判斷哪些誘因帶來了引力，而不是放任自己的注意力被其他人所控制。

把這個關鍵性的提問當作一種濾鏡，透過它來檢視誘因，如此一來就可以辨識出它們的真身：它們都是工具。如果使用得當，它們可以幫助我們保持在正軌上，如果一項誘因協助我們去執行行事曆上計畫好的事情，就是讓我們獲得拉力；如果誘因把我們推向分心，就對我們毫無用處。

在下面幾章中，我們會看到幾個實際的方法，讓你可以操控科技以及身邊的環境，來移除沒有幫助的外在誘因。我們將可以反駁回我們的裝置，所利用的方法會讓開發這些裝置的人出乎意料，這正是重點所在——我們的科技應該要替我們服務，而不是顛倒過來，反客為主。

本章一點通

- **外在誘因經常會導致分心。**環境給我們的各種暗示，像是叮、噹、鈴這些提示音，跟被其他人打斷一樣，都會讓我們經常性地偏離正軌。
- **外在誘因並非總是有害的。**如果一個外在誘因帶來的是引力，對我們是有幫助的。
- **我們必須要捫心自問：這個誘因是在替我服務，還是我在替它服務？**然後我們就可以對抗那些幫不上忙的外在誘因，把它們給駁回去。

第十四章

對付工作中的干擾，駭回去那些打斷我們工作的事情

醫院應該要協助治療病人，那麼，我們要怎麼解釋美國醫院裡面，每年四十萬人次，因為投藥錯誤而受到傷害的人呢？除此之外，這些可被預防的錯誤讓醫療支出額外多了大約三十五億美金。根據約翰霍普金斯大學的外科醫生馬丁．馬凱里（Martin Makary）和研究員麥可．丹尼爾（Michael Daniel）的報告，「如果醫療疏失是一種疾病的話，它會在美國人常見死因中名列第三。」

凱薩醫學中心南舊金山分院有一個特別小組，旨在找出方法修正醫療疏失，以拯救這些生命，貝琪．李查茲（Becky Richards）正是其中一員。作為一個有執照的護理師，李查茲知道錯誤經常發生在哪些時機。那些受過高度訓練、意圖良好的人之所以會犯

非常基礎的錯，經常是由於工作環境充滿了讓人分心的外在誘因所致。事實上，研究發現，護理師每次在給藥的時候，會被干擾五到十次。

李查茲提出的解決方法之一，在護理師同僚之間不是很受歡迎，至少一開始不受喜愛。她提議，護理師在給藥時，穿著顏色鮮明的背心，好讓其他人知道他們當時正在給藥，不應該被打擾。「他們覺得這很羞辱人，」李查茲在護理網站 RN.com 上的一篇文章中提到。經歷最初的抗拒之後，她找到了一組腫瘤科的護理師，他們的錯誤率特別高，也特別急切地想要找到一個解決方案。

但是，儘管這些護理師一開始展現了意願，這個測試遇到的阻礙超過李查茲的預期。其中之一包括，橘色的背心看起來很「俗」，有些人也抱怨說穿起來很熱、很不舒服。這些背心也引來了醫生們的詢問，因而造成干擾，那些醫生們想了解這些背心是做什麼用的。「我們很認真地在打算要放棄這個想法了，因為護理師並不喜歡。」李查茲說道。

一直到四個月後，醫院的行政單位把實驗結果給了李查茲，這項嘗試所帶來的影響才顯現出來。李查茲找來進行實驗的這個科室，所展現的成果是，錯誤率降低了百分之四十七，這全部都得歸功於穿著背心這個動作，以意識到不受干擾的環境有多重要的這項認知。

「那時，我們知道我們不能就這樣棄病患於不顧，」李查茲更進一步說道。一個接一個，護理師開始分享這種做法，漸漸在醫院和其他照護中心傳開來。有些醫院甚至搭配了專屬的方案，像是在地上標示出一個「神聖區域」，讓護理師用來準備藥物。有的醫院則打造了特別的無干擾房間，以及可以完全屏蔽外部的窗戶，這樣一來，護理師工作時就不會被打擾了。

其他更多的資料也顯示了，隔絕多餘的外在誘因的這種做法在減少錯誤上是多麼地有效。

「加州大學舊金山分校主辦了一項跨醫院的研究，並發現三年間錯誤發生的次數降低了百分之八十八。」

加州大學護理整合領導計畫的主任茱莉．克里格（Julie Kliger）在二〇〇九年曾經於 SFGate.com 網站上透露，啟發她將這個計畫延伸的靈感，來自於一個完全令人意想不到的地方——航空業。這條名為「駕駛艙淨化」的規定，是在一九八〇年代幾起因飛行員分心而導致事故後所出現的一系列規範。這組規範禁止商用客機的飛行員在一萬英呎以下的高度做出任何非必要的行動。規範裡特別點出「進行非必要的交談」這項，並且在飛行中最危險的部分——也就是飛機起飛和降落時——禁止空服員聯絡飛行員。

「我們認為這跟駕駛七四七客機很像，」克里格表示：「對他們來說，（分心會造成危險的區間）是一萬英呎以下……在護理師的世界中，則是給藥的時候。」根據李查茲所回報的內容，護理師不只是在穿著背心時犯的錯減少了，感覺也更能專心工作、時間也過得更快了。凱薩醫學中心西洛杉磯分院的一位護理師蘇西・金（Suzi Kim）表示，在穿著背心的時候，「我們可以想得很清楚。」

雖然分心所帶來的衝擊一般來說，不會像在醫療行業那麼致命，但是干擾也的確會影響任何需要專注力的工作表現。不幸的是，干擾充斥在現今的職場當中。

空間的誤用經常是造成分心很重要的因素，在美國，有百分之七十的辦公室都是設計成開放式的布置，而不是用牆面分隔的獨立工作空間，現在的員工們很可能可以非常清楚地看到同事、茶水間、接待處，幾乎就是所有東西都一目瞭然。

開放式的設計理應要促進彼此之間想法的分享和合作，不幸的是，二〇一六年有一項整合研究，包含了超過三百份論文，根據這份研究，這種空間潮流造成分心的情況加劇，也證實了這些干擾讓員工滿意度下降，這一點並不讓人感到意外。

既然知道了分心可能會讓我們付出我們的認知能力作代價，便是時候該採取行動了，就像貝琪．李查茲那樣。我並不是要鼓吹大家在辦公室穿上亮橘色的「請勿打擾」背心——也不是堅持對辦公室的裝潢徹底地大改造——我是想提議一個解決方案，可以很明確且有效地阻止來自同事的干擾。

你可以去 NirAndFar.com/indistractable 網站下載列印一張紙卡，用大大的字寫著一項要求，給路過的人看：我現在需要專心，麻煩等等再過來。把這張紙卡放在你的電腦螢幕上，好讓你的同事知道你現在不想被打擾，這張紙卡釋放出一條沒人會誤會的訊息，

如同亮橘色的背心可以降低用藥錯誤，螢幕上方的標示可以向同事發送一個訊號：你現在非常專心。

而這是戴上耳機做不到的。

雖然螢幕上的標示所有人都看得懂，我還是建議你跟同事討論一下它的目的是什麼。這樣的交流可以讓他們有所啟發，甚至跟進，同時也能夠開啟對話，去討論工作上不受干擾的重要性。

但有些時候，我們需要一個更明確的方式來釋出訊號，告訴大家我們需要一段不受干擾的時間，尤其當我們是在家工作的時候。基於同樣的原則，也就是去阻絕多餘的外在誘因，我太太用少少的幾塊錢，在亞馬遜上買了一件很難不注意到的頭飾。她把這個東西稱為「專注力皇冠」，而她會打開頭飾裡內建

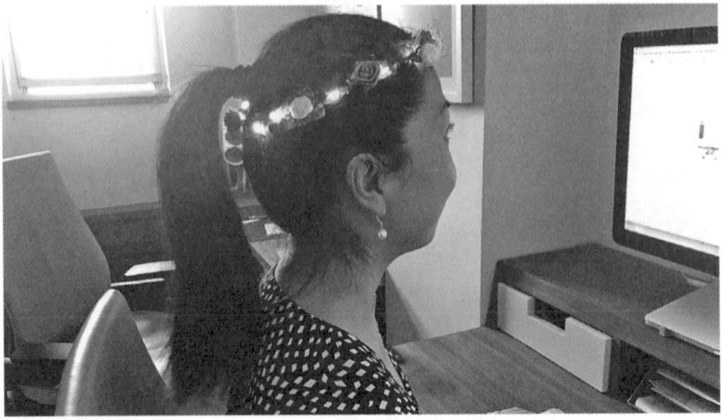

在家工作的時候，家人可能會變成導致分心的來源，我太太的「專注力皇冠」讓我們知道，她現在心無旁騖。

的LED燈來釋出一個令人無法忽視的訊息。當她戴上皇冠的時候，她很清楚地讓我們的女兒（還有我）知道，除非是緊急事件，不然都不要去打擾她，這個方法立竿見影，有效極了。

無論是背心、螢幕標示或是會發亮的皇冠，要減少別人造成的、多餘的外在誘因，方法就是給出一個很清楚的訊號：你現在不想被打擾。這麼做會幫助你的同事或是家人在打斷你的專注力之前，先暫停一下，並衡量自己的行為。

本章一點通

- **干擾會導致錯誤**。如果分心得很頻繁，就無法在工作上展現最好的成果。
- **開放式的辦公室設計會增加分心的狀況**。
- **捍衛你的專注力**。不想被打擾時要發出訊號。用螢幕標示或是任何其他清楚明瞭的線索，讓大家知道你現在心無旁騖。

第十五章
對付電子郵件，把它駁回去

電子郵件對現代員工來說是個詛咒。簡單的計算就可以揭露問題有多大，坐辦公室的人平均一天要收到一百封的訊息。一封信花上兩分鐘的話，這樣每天總共要花費三小時又二十分鐘。如果平均而言，一個工作天是九點到五點，扣掉午休的一小時，那麼電子郵件幾乎吃掉了半個工作天。

但是實務上來說，這個數字仍然非常保守，因為這三小時二十分鐘並未包括從查看電子郵件之後重新回到工作，這中間會浪費掉的時間。事實上，《全球資訊管理期刊》上發表的一篇研究發現，辦公室人員在查看電子郵件後，平均花費六十四秒來重新讓自己回到工作狀態裡。而考慮到我們每天會查看各種裝置，次數上百，這些時間還會再往上加。

我怕你認為把時間花在電子郵件上是值得的，《哈佛商業評論》上有研究人員已經得出了結論，職場上毫無意義的電子郵件數量多到令人驚訝。談到經理人們花在電子郵件上的時間時，他們估計「百分之二十五的時間都花在閱讀根本不該被寄給那位經理的郵件上，而百分之二十五的時間則是花在回覆根本不該由他們回覆的信件。」也就是說，我們花在電子郵件上的時間大概有一半就跟數天花板上有多少裂痕一樣，非常有生產力呢！

為什麼電子郵件是個這麼頑固的問題呢？去理解我們的心理，這可以讓我們找到答案。電子郵件大概是所有習慣性產品之母，一方面，它會提供不同的回饋，如同心理學家B．F．史金納著名的發現，在養成並鞏固鴿子的習慣時，如果給予牠們的獎勵是不定時的，鴿子會更常去啄把手。同樣地，電子郵件的不定性讓我們一直去查看、去啄食。電子郵件會帶來好消息和壞消息；可能是令人振奮的消息，也可能是無聊透頂的瑣事；可能是來自我們親密愛人的訊息，也可能是一個不知名陌生人的來信。這些不確定性提供了一個強烈的吸引力，讓我們想知道下次查看收件匣的時候可能會發現什麼。結果就是，我們不停地點擊和下拉來刷新頁面，好平息預期心理帶來的不適感。

再者，我們有一個強烈的傾向，要去進行報答——也就是對別人的行為，做出相同的回應。有個人說了「哈囉」並且伸出手來跟我們握手，我們會感覺到一種衝動，要給予他回應——不這麼做的話，就會違反一個很強力的社會常態規則，也會顯得很冷漠。面對面的時候，擁有這種報答和回應他人的風度固然很好，但是在線上的環境裡則可能會造成很多的問題。

最後，可能也是最物質的層面，電子郵件是一種工具，我們必須使用它，幾乎毫無選擇。對大多數的人來說，我們的工作都得仰賴電子郵件，而且它跟我們的工作和個人生活皆交纏不清，如果完全棄置不用，可能會威脅到我們的生計。

但是，就像生活中有很多事情，讓我們付出的時間和注意力皆超乎預期，我們也可以讓電子郵件在我們的掌控之中。我們可以在工作模式當中運用一些技巧，好消除電子郵件這種磁鐵似的、不健康的吸引力。我們現在專注來看幾個方法，這些是最輕鬆、成果卻最好的方法。

我們花在電子郵件上的時間可以被拆解成一個方程式，我們每天花在電子郵件上整體的時間（T）是一個函數，其組成是所收到的訊息總量（n），乘以每一則訊息所花費的時間（t），也就是$T = n \times t$。我喜歡用「TNT」來記，提醒自己電子郵件是多麼輕易就可以讓精心計畫好的一天告吹。

要減少我們每天花在電子郵件上整體的時間，我們必須去調整n和t兩個變數，首先，我們先來探討減少n的方法，也就是減少所收到的訊息總量。

由於我們進行報答的這種傾向，當我們送出一個訊息時，收件者很可能就會回覆，也讓這個無止境的循環延續下去。

「要減少所收到的郵件，得要減少自己寄出的郵件。」

這相當顯而易見，但是我們大部分的行動都跟這項基礎的事實不一致，我們對於提供報答和回應的需求是這麼的強烈，讓我們在收到信之後就迅速回覆——無論是在晚上、週末還是假期，時間點看起來似乎都無關緊要。

大部分我們寄出和收到的電子郵件都不是緊急的事。但想要獲得不定時的回饋，這是我們大腦的弱點，讓我們對待郵件時，無論是什麼形式的郵件，每封信彷彿都是很緊急的事件。這種傾向讓我們時不時就去查看、回覆，並且在想到任何要求時立刻大聲嚷嚷，而這些都是錯的。

設立辦公時間

以我的例子來說，我每天都會收到數十封信，想要跟我討論一些跟我的書或文章有關的事情。我熱愛跟讀者們進行交流，但是如果我每一封信都回，我就沒時間做其他事了。為了減少我收到和寄出的郵件，我安排了「辦公時間」，讓讀者可以在我的網站上NirAndFar.com/schedule-time-with-me 跟我預約一個十五分鐘的時段。

下次你在電子信箱中收到一個不急的問題時，試著像這樣去回覆：「我週二和週四的下午四點到五點這段時間已經保留起來了，如果到那個時候，這個問題依然存在，請過來我們一起更進一步地討論。」你甚至可以架設線上的行事曆工具，像我一樣，讓大家可以自行預約時段。

「當你給它們一點深呼吸的時間，你會驚奇地發現，有多少事情會變得無關緊要。」

透過要求對方等待，你等於是給了他們自己找到答案的機會——或者，很多時候狀況會是，有其他更優先的事情，在其之下，原本的問題就這樣消失了。

但是，如果寄件者無法自己搞定，還是需要針對問題進行討論呢？那更好！困難的問題當面處理比起在電子郵件裡會更好，因為電子郵件造成誤解的風險更高。底線就是，要求大家在固定的辦公時間內討論複雜的事項，這會導向更好的溝通以及更少的電子郵件。

緩一緩，推遲發送的時間

基本原則就是：要減少收到的信，關鍵就是減少寄出的信；接著，有件事值得去思考一下，在寫好一封信之後，等一段時間再寄出，這點可以讓像乒乓球似來回往復的電子郵件慢下來。畢竟，是誰規定每封信都一定要一寫好就寄出？

好在這一點科技可以幫得上忙。與其匆匆擠出一封回信並且立刻按下送出鍵，Microsoft Office 這類的電子郵件程式或是其他的工具，像是 Gmail 上的 Mixmax 都可以讓我們延遲發送。每當我在回覆信件的時候，我都會問自己：「這個人最晚什麼時候需要拿到答覆？」

只要在寄出信前多按一個鍵，這封信就會離開我的信箱，但是寄給收件者的時間點會被推遲到我預先選擇好的時間。因此，每天寄出的信件減少了，每天會收到的信也減少了。

推遲發送不只是給了事情一些緩衝時間，讓問題可以用其他方式解決，同時也減少了我在不想收信時，收到郵件的狀況。例如：星期五下午，你可能正在愉快地清空自己的收件匣，把信件推遲到星期一再發送，讓你不至於給同事造成壓力，也保障了你的週末時光，不會被這些讓人緊繃的回信給打擾。

刪除不需要的訊息

最後，要減少來信，還有一個非常有效的方法。每天，我們都會被大量的垃圾信、行銷信件和電子報給瞄準，其中有些對我們是有用的，有些則否。

要怎麼停止收到那些我們再也不想看到的信呢？如果這是一份你曾經訂閱的電子報，但是現在已經不再需要了，你最佳的選擇就是點選信件底部的「取消訂閱」按鈕。作為一個撰寫這類電子報的人，我可以告訴你，電子報的作者希望，如果你不再需要，就取消訂閱。訂閱名單上每多一個電子郵件地址，就需要向電子郵件系統的供應商付出更多的費用，因此我們比較喜歡寄給那些，覺得這封電子報對他們有用的人。

但是有些用垃圾郵件做行銷的人會讓取消訂閱的按鈕很難找，或是可能你已經取消了，卻還是固執地持續寄信過來；遇到這種狀況，我建議你把這些信送進「黑洞」，我用的工具是SaneBox，這是一支簡單的程式，會在我使用電子郵件的時候在背景運作。每當我遇到一封我絕對不會想再看到的信件時，我就會按下這個按鈕把它送進我的黑洞資料夾，一旦進到那裡，SaneBox這個軟體就會確保我再也不會收到來自同樣寄件者的訊息。

當然，管理多餘的電子郵件需要時間，但是也會降低這種多餘的訊息悄悄滲入你收件匣的可能性，如此一來，你會發現信件湧入的洪流變小了，變成一條涓涓細流。

現在我們講完了，要怎麼減少所收到信件的方法了（方程式裡面的n），接下來讓我們來看第二個變數t，花在撰寫信件上的時間。

愈來愈多的證據顯示，與其時不時去查看一下你的郵件，批次處理要來得更有效率，也比較不容易引起壓力。這是因為我們的大腦在轉換任務的時候需要時間，所以最好是專心地一次把信都回完。我知道你正在思考一件事情——你不可能等一整天才去查看一次收件匣，這一點我懂，我也得時不時檢查一下我的信箱，好確保沒有那種真的很緊急的狀況。

「查看電子郵件並不是太大的問題；而習慣性地反覆查看才會造成困擾。」

你看看這個是不是聽起來很熟悉：一個圖示跳出來，告訴你你有新郵件，所以你點了它，開始在收件匣裡面滑動，同時，一旦進到收件匣，你開始一封接著一封地讀，好確認有沒有哪些內容需要立即回覆，並且把那些不急的信件留待下次。同一天，過了一會兒，你打開信箱，已經忘了你之前讀過的那些信裡確切是什麼內容，所以你再點開一次，但是你沒空回覆全部的信；再晚一點，傍晚時分，你又再度把那些信看過一遍。如果你跟過去的我有那麼一點相似，你反覆打開同樣訊息的次數可能會多到讓人不好意思說出口，多浪費時間啊！

貼標籤

我們通常會認為一封電子郵件最重要的部分就是內容，但是這不完全正確。從時間管理的角度來看，電子郵件最重要的地方在於，有多緊急需要給予回覆？因為我們會忘記寄件者需要在什麼時候收到回覆，我們會浪費時間再次重讀訊息內容。

這種瘋狂情況的解法很簡單：每一封信都只要碰兩次就好了。第一次是打開信的時候，然後，在關掉這封信之前，先提出這個問題：什麼時候需要回覆這封信？替每封信貼上「今天」或「本週」這些標籤，這個做法在每封新郵件上面都加注了最重要的資訊，也替我們第二次（也是最後一次）打開它的時機點做好準備。當然，對於那些超級緊急，「請立刻回覆我」這類型的信件，就直接回覆吧！而完全不需要回覆的信件則是需要立刻將其刪除或是封存。

注意，我不是叫你依主題或是分類來替信件加上標籤，只要根據需要回覆的時間點來貼標籤就好。這種加標籤的方法可以解放你的大腦，不再被分心束縛，因為你知道，你只需要在你時間箱式的行事曆上面，已經分配好要來做這件事的時候回信即可。

以我來說，我會在早上喝咖啡之前快速地掃過我的信箱，根據需要回覆的時間來分類，替每封新郵件貼上標籤，這件事不會花超過十分鐘，卻會讓我的大腦獲得平靜，我知道自己不會錯過任何事情，也可以把那些訊息先放下，在該回信的時間到之前，都專心地工作。

我每日行事曆包括了處理電子郵件的時間，讓我回覆被我貼上「當天」標籤的信件，如此回覆緊急郵件有效率多了，不用再大量翻閱整個信箱，找出需要當天回覆的訊息。然後，我每週會保留一個三小時的時間箱，來爬梳那些不那麼緊急、被我標示「當週」的郵件。而最後，到了一週的尾聲，我會檢視我的行事曆，評估用來處理電子郵件的時間是否足夠，並且調整我下一週時間箱式的行事曆。

為什麼不在第一次打開信的時候，就快速地寫封回信呢？用兩分鐘在手機上回一封信聽起來不是什麼嚴重的事情，直到你意識到我們每天會收到上百封的訊息，這樣子的兩分鐘會迅速地堆積起來。很快地，兩分鐘變成十、十五或是六十分鐘，然後你就會浪費一整天只是在快速地回覆這些郵件，而不是專注在你真正需要去完成的事。

要屠殺這頭訊息的怪獸需要很多武器，讓我們駭回去這個頑固的分心源，使用這些效果經實驗證實的技巧，我們就能夠駕馭並控制住這些讓我們脫離正軌的誘因。

本章一點通

- **拆解問題**。花費在電子郵件上的時間（T）是一個函數，它是你收到的訊息總數（n）乘以每封訊息平均花費的時間（t）：T＝n×t。
- **減少收到的訊息數量**。安排辦公時間，把訊息送出的時間往後延，並且減少會浪費你時間的信件進到你信箱的機會。
- **減少在每封信上所花費的時間**。根據需要給予回覆的時間，替每封郵件貼上標籤，用你行事曆上安排好的時間來回覆這些信件。

第十六章
對付聊天群組，把它駁回去

傑森・弗里德（Jason Fried）說聊天群組「就像是在開一場持續整天的會議，與會者就只是一些隨機人士，也沒有議程」。這句話之所以特別值得注意，是因為弗里德創立的公司 Basecamp，自己製作了一款相當受歡迎的通訊 app，但是弗里德知道，為了公司著想，必須確保他的客戶不會被這個 app 弄得心力交瘁。他向使用這種通訊 app 的團隊提出了幾項建議，無論他們用的是 Basecamp、Slack、WhatsApp 還是其他家的服務。

「我們學到的是，如果是少量而精準地使用這些通訊 app，在某些非常特定的情況下會是非常合理的。」弗里德在一則公開的貼文中寫道：「讓它變得相當不合理的狀況會是，在組織內部把聊天群組當成最優先的、預設的溝通方式。小部分採用，可以；但是全面通行，則否……如果一家公司在進行考量的時候，經常是用一行訊息一行訊息的方式在思考，那麼最後各式各樣的壞事都會發生。」

弗里德相信，我們使用的工具會改變我們工作時的感受，於是他建議聊天群組要精準地使用。「你是否心力交瘁、筋疲力盡又感到焦慮？還是你覺得平穩、冷靜又安定？這些不僅僅是心理狀態而已，更是我們所使用的各式各樣的工具所造成的結果，也是這些工具所鼓勵我們去做出的行為。」即時性是聊天群組的本質，這也是讓它們如此獨特的原因，即便如此，弗里德相信：「『現在立刻馬上』應該要是個例外狀況，而非一個規則。」

這裡有四條規則，讓你可以有效地管理聊天群組：

規則一：使用通訊軟體的時候，像是在洗三溫暖一樣

在使用聊天群組的時候，我們應該像在使用其他同步性溝通管道時一樣。我們不會自願去參加一場長達一整天的會議；所以聊天群組也是一樣。弗里德建議我們：「把聊

天群組當成三溫暖——待一會兒就出來……待得太久對健康不好。」

或者，我們也可以在群組裡面安排小組會議的時間，這樣一來所有人都會同時在線上，這樣使用的話，聊天群組會是一個減少實體會議的好方法。

通訊軟體公司的執行長相當坦誠地建議大家要有限度地使用自家的產品，但是許多使用這些服務的組織都鼓勵員工整天泡在這個三溫暖裡面潛水。這是一種具有腐蝕性的做法，並且這不是一個人的改變就可以解決的問題。在後面的章節，我們會處理公司文化失調的問題。

規則二：排定時間來使用

聊天中常常會用到單行式的回覆、動圖和表情符號，這些創造了一連串源源不絕的外在誘因，通常是把我們從具有引力的事情中拉走。要對付這些的話，就要在你一天的時間裡面，安排時間跟進這些聊天群組裡的內容，就像你會在行事曆上替其他所有的任務安排各自的時間箱一樣。

也要讓同事們有心理準備，讓他們知道你預計在什麼時候會沒空，這一點相當重要。你可以向他們保證，晚一點，等到分配好的時間到了的時候，你就會對這些對話做出貢獻，這可以讓他們感到安心。但是在那之前，因為專心工作，並且開啟「請勿打擾」模式，不應該因此而萌生罪惡感。

規則三：要挑剔

說到聊天群組，被加入對話群組的人要經過精挑細選。弗里德建議：「不要把每個人都拉進去，群組愈小，就愈好。」延續之前召開會議的譬喻，他表示：「召開一場三人的會議很完美，六人或七人的話就會相當混亂且極其沒有效率，群組也是一樣，如果你只需要幾個人的話，小心別把整團人都邀請進來。」關鍵在於，要確保裡面的每個人都可以對於這個對話做出貢獻且獲得收穫。

規則四：選擇性地使用

在討論敏感的議題時，最好避免使用聊天群組，要記得，直接觀察一個人的心情、語氣和非語言的訊號這項能力替溝通提供了很重要的背景資訊。就像弗里德的建議：「聊天群組應該是用在快速、不持久的事情上面。」而：「重要的話題需要時間、引力，並且要跟其他的閒聊有所區隔。」

問題在於，有些人喜歡在群聊中「大聲地思考」，他們會連續發送一串單行的訊息解釋自己的想法和論點。這種溝通幾乎不會成功，因為當別人也在用表情符號發言，或是發送其他潛在的干擾源，會讓人很難好好跟上一個人的想法。與其使用聊天群組來發表長篇大論，並倉促地做出決定，最好是請參與這個對話的人，用文書資料來闡述他們的觀點，在匯集所有的想法之後，再分享給大家。

歸根究柢，聊天群組只是另外一個溝通的管道，跟電子郵件和簡訊並沒有多大的不同。使用得宜，好處無窮；但要是濫用或是使用錯誤的話，就可能會造成一堆多餘的外在誘因到處氾濫。成功的祕密在於我們怎麼去回答那個關鍵的問題：是誘因在服務我，還是我在服務這些誘因？我們應該把聊天群組用在讓我們獲得引力，並且斬斷那些會導致分心的外在誘因。

本章一點通

- **實時的溝通管道的應用，應該要少量而精準**。不應該犧牲專注工作的時間，來換取溝通的時間。
- **企業文化很重要**。改變使用聊天群組的方法，可能會導致對於公司常態的質疑，我們會在第五部分中討論到這個問題。
- **不同的溝通管道有不同的用途**。與其把每項科技都用作隨時待命的頻道，不如用最好的工具來執行工作。
- **進去，就出來**。聊天群組是代替實體會議的好方法，但是如果變成一個全天進行的事情就很糟糕。

第十七章

對付會議，把它駁回去

現在的會議裡充斥著心不在焉的人，他們彼此之間互相傳著訊息，告訴對方自己有多無聊。一部分的問題是在於，大家太常用開會的方式來逃避自己付出努力、獨立解決問題的這件事情。對某些人來說，跟同事商量，比自己一個人作業，感受上要好得多，當然，合作有它的重要性，但是會議不應該是讓人從認真工作和努力思考中分心的一種方式，那麼，我們要怎麼讓會議的召開變得比較有價值？

大部分的會議中，首要目標應該是要針對一項決定取得共識，而不是為了讓大家點頭附和會議召集人的意見、打造一個回聲室。要遏止會議的過剩，最簡單方法是要求召開會議的人事先提供兩樣東西。首先，組織這場會議的人必須針對要討論的問題，提前發送議程，沒有議程，就不開會；再者，他們必須盡自己的全力，先提出一個解決方案，用簡報或是摘要的方式做出來，一到兩頁即可，這份摘要裡面要包含所提出問題、他們的想法及建議。

這兩個步驟會要求這個人在開會之前多做一些功課，而這就是重點所在。要求他提供議程和摘要不只能夠節省每個人的時間、讓大家更快找到答案，也可以藉由增加會前所需要做的功課，來減少不必要的會議。

但是大家彼此分享知識，進行腦力激盪和集思廣益，這些活動該怎麼辦呢？這些好的事情都要在超過兩個人以上的會議中進行。除非是緊急會議，或是以公開論壇的形式，目的是傾聽員工訴說各自的憂慮（這點我們會在第五部分中討論到），若是要針對商業上的挑戰分享各自獨到的見解，可以透過電子郵件進行，寄給該負責的利害關係人。腦力激盪也可以在會前進行，並且最好是每個人各自思考，或者是在非常小的組別中進行。當我在史丹佛設計學院任教的時候，我經常會看到各個小組在開會前，每個人先獨自進行腦力激盪，再聚在一起討論；如此一來不只會產生更好的點子，也更有機會提出更多元的解決方案，因為他們就比較不容易被說話大聲、強勢的組員給壓過去。

接下來，如果真的要召開會議，我們一樣要遵循上一章在討論聊天群組時提過的，同步性溝通管道的使用規則，無論是線上還是線下，同樣的規則都一體適用：精心挑選與會人士並且確保自己可以在進入會議後迅速地脫身。

一旦我們身在會議當中。一個新問題就會浮現：大家並不是全心全意地投入在會議現場，而是各自看著自己的裝置、在會議中查看電子郵件，或是在手機上東看看西看看。儘管研究指出，如果不夠專心的話，大腦在資訊的吸收上，就會表現得很糟糕，但是看著別人在會議中使用自己的裝置，會讓人疑神疑鬼，並產生某種軍備競賽的狀況——有一種別人都在工作，提供產值的感覺，這會提高我們的壓力等級。一直掛念著自己滿滿的收件匣，這會讓會議的效率惡化，同時我們的低參與度只會讓會議的產值降低，變得更沒意義、更無聊。

要在會議中保持心無旁鶩，我們必須要讓大家遠離各種行動裝置。我主持過無數個工作坊，並觀察到兩種會議，其中有著天壤之別。一種是允許大家在會議中使用各種科技產品，另外則是大家完全不用任何裝置；沒人使用電子產品的會議中，大家對於討論的參與度較高，所獲得的結果也比較好。為了確保會議時間不被浪費，我們需要採用新的習慣和規則。

「如果我們要把時間花在會議上，那麼就要確定我們是真的在場，生理上和心理上都是。」

首先，每場會議應該設一個充電站，但是得確保要在一個沒有人能夠取得這些裝置的地方。當與會者在會前逐漸聚集時，應該要鼓勵大家把手機調成靜音，並且把手機拿到充電站充電，如此一來，就可以專心地開會，不會分心。雖然依照商業類型的不同，這個習慣可能會有些特定的例外，但是與會者在會議中真正需要的只有紙張、筆，或許還需要幾張便利貼。

如果需要投影片的話，那麼就指定一個組員，用他的電腦來投影，或是在會議室裡固定放置一台筆電。看到其他企圖在會議中使用手機或是筆電的人，你和同事們應該要向他投以不贊同的目光，而不是讓他觸發大家想各自使用這些裝置的欲望。

儘管不使用科技產品的會議有潛力提高參與度，但是可能會有人對這個做法心煩不已，並抗議說自己需要裝置來做筆記或是開一些檔案，但是如果我們真的對自己誠實，就會知道這些藉口都不成立。我們在會議中需要裝置的「真正」理由是什麼？我們的科技讓我們得以人在心不在，真相讓人不舒服，但事實是，我們想要在會議中帶著手機、平板和筆電的原因不是為了提高產值，而是為了心理上的逃避。有些會議可能會緊繃到令人難以承受，或是氣氛尷尬、無聊透頂——這些裝置提供了一個方法，讓我們處理這些令人不適的內在誘因。

透過增加開會前所需付出的努力，來減少會議的數量，使用同步性溝通管道時，遵守這些良好的規則，並且確保大家都是全心全意地在開會，而不是自顧自地用著自己的裝置，這幾點會讓會議大幅好轉，不再那麼糟糕。

儘管現代的工作環境充滿了潛在的分心源，但是否要持續嘗試新方法來管理這些，則是取決於我們自己的選擇了。挑選幾個你們在這個部分裡頭學到的方法來試試看，並且問問看幾位同事要不要一起來參與。把外在誘因駁回去，無論這個誘因是在辦公室裡，還是我們的裝置上，這都是治療分心的有效療法，會讓我們得以把工作做得更好，也能擁有更好的生活。

本章一點通

- **讓召開會議的難度增加**。要召開一場會議，負責人必須要先讓大家傳閱議程和摘要文件。
- **會議是為了建立共識**。雖然有少數的例外，但是發想要怎麼有創意地解決問題這件事，應該在會前進行，並且是各自進行，或是在人數非常少的小組中去做。
- **全心全意參與**。大家在會議中使用裝置來逃避單調和無聊的感覺，而這個舉動只會讓接下來的會議更糟。
- **一場會議，一台筆電**。人手一台裝置會讓會議更難成功達到其目的。把所有裝置都留在會議室外面，留下一台用來呈現資訊和記錄的筆電即可。

第十八章

對付你的手機，把它駭回去

顯然很多人，包括我自己，都很依賴手機。無論是跟家人保持聯絡、在城市中導航或是收聽有聲書，我們口袋裡這個神奇的裝置已經變得不可或缺，但是這種實用性卻也同時讓智慧型手機變成潛在分心的主要來源。

好消息是，依賴並不等於成癮，我們可以讓所持有的裝置發揮最大的功能，而不是讓裝置消耗我們大部分的精力。駭回你的手機，我們可以讓這些會導致有害行為的外在誘因短路。

接下來是我駭回智慧型手機的四個步驟，可以替你省下漫無目的滑著手機的時間，節省了大把大把的時間。最棒的地方是，實施這個計畫，從頭到尾用不到一個小時，讓你再也沒有理由，去指控手機讓你分心。

步驟一：刪除

管理手機上的分心源，第一個步驟是，把那些再也用不到的 app 刪除，要做到這一點，我得用那個關鍵問題捫心自問：我手機上的外在誘因哪些對我有用，哪些則否？根據我的答案，我把與我價值觀不符的 app 解除安裝。我把學習和健康管理的 app 留了下來；那些新聞相關的 app，老是發出刺耳的提示音，並且上面的頭條新聞會造成我的壓力，因此我把它們都移除了。

我也把手機裡的遊戲全都刪除了，我當然不是說你也得這麼做，現在很多遊戲，尤其是獨立工作室製作的那些，都是些大師、匠心獨具的作品，並且無論是娛樂性或是在道德高度上，都不會輸給品質精良的書籍或電影。但我決定，對我而言，把時間花在遊戲並不是我想要使用手機的方式。

身為一個科技愛好者。我熱中於嘗試最新的 app，但是幾年下來，我的手機螢幕上一頁接著一頁，都是平常連碰都不會碰的 app，它們把我的手機塞得滿滿的。如果你跟我有類似的情況，你可能也會有滿大量的 app 是你從來都不會去使用的，這些 app 會占據手機的記憶體，並且它們自動更新時也會消耗網路流量，但最糟的是，這些殭屍般的 app 塞滿了我們的手機，在視覺上也顯得凌亂不堪。

步驟二：改變

進行大掃除，清掉那些用不著的 app，這很容易，因為跟這些我從未使用的 app 告別並不會讓我有任何情緒上的反應，但是接下來的這個步驟中，需要移除那些我喜愛的 app。

問題在於，當我計畫好要花時間陪我女兒的時候，我常常會發現自己在手機上查看 YouTube、臉書或是推特。只要我稍微感到一絲絲的無聊，我就會去看個短片或是快速地把社群媒體下拉刷新。不幸的是，這一拉，也把我跟女兒相處的時間給拉走了。但是完全放棄這些服務，對我而言，這個選項並不存在；我依然想要使用它們，好讓我跟朋友保持聯繫，或是觀看有意思的影片。

　我找到的解決方案，就是改變使用這些造成問題的服務的時機和裝置。既然我在行事曆上面留出時間箱來使用社群媒體，它們就完全沒有留在手機上的必要了。經過了幾分鐘的猶豫，我把它們從手機上刪除，這讓我感覺如沐春風。我也不會感到焦慮，因為我知道我依然可以在我預留好的時間內，在電腦上使用這些服務，而不是隨時隨地，讓這些app隨心所欲地發出叮咚聲。

　在這些對於手機使用的調整中，改變看時間的方式這一項可能帶來了最讓人驚豔的好處。作為一個討厭遲到的人，整天下來，我曾經時不時就會瞄一下我的手機，因此我經常會被螢幕鎖上的一則通知給吸進去。而當我重新戴起手錶，我發現我查看手機的頻率大幅降低，只消快速地一瞥，我的手腕就可以讓我知道所有我想知道的事情，剛剛好，不多也不少。[1]

　這裡的重點是，找出最好的時機和裝置去進行你「想」做的事。僅僅因為你的手機看起來好像無所不能，不代表就「應該」要用它來完成所有的事情。

步驟三：重新排列

現在我們的手機上只剩下最重要的 app 了，是時候讓我們的手機螢幕不要再塞得水洩不通，因此也就不那麼讓人分心。目標是當我們解開螢幕鎖的時候，畫面上不再有任何東西，會把我們從具有引力的活動中拉走。

Medium 上熱門部落格「更好的人」的總編輯托尼・斯特布班（Tony Stubblebine）把自己手機的設定稱為「核心式螢幕主頁」。斯特布班是推特的第六位員工，並且對於這個平台的設計方式以及背後所仰賴的人類心理機制瞭若指掌。

斯特布班建議把 app 分成三個類別：「首要工具」、「志向」、「吃角子老虎」。他說首要工具是指「你會經常使用，並且會幫助你達成指定任務：叫車、找到一個地點、新增一個約會，這種 app 最多大概五到六個，不應該超過」；他把志向稱作是「你想要花

1 雖然我原本為此買了一支 Apple Watch，但我現在已經不用了。我偏好 Nokia Steel HR，除了因為這款智慧型手錶便宜許多，它還有一個特色就是，時間會一直顯示在上面，不用一直甩手腕。

花幾分鐘重新排列手機上的app，也讓
我移除了我的主頁上多餘的外在誘因。

時間去做的事：冥想、瑜伽、運動、讀書或是收聽podcast」；斯特布班把吃角子老虎描述成「那些你一打開就會迷失其中的app：電子郵件、推特、臉書、Instagram、Snapchat等等」。他建議你把螢幕主頁重新排列，讓上面只顯示與首要工具和志向相關的app。他要你「把你的螢幕當成是自己要負責的一組app，如果某個app會誘發你盲目的查看行為，就把它搬到其他的頁面上」。

除此之外，比起往左滑過一個又一個的頁面來找到你要的app，我建議你使用內建的搜尋功能，這會減少你在瀏覽頁面和資料匣的時候，一不小心撞上一個app，因而分心的風險。

步驟四：修正

二〇一三年，蘋果宣布，他們的伺服器上有七．四兆的推播通知，但不幸的是，很少人會為了避開這些外在誘因而採取行動。根據卡胡那行動行銷公司的執行長亞當．馬奇克（Adam Marchick）的說法，只有不到百分之十五的用戶會調整他們手機上推播通知的設定——意思就是百分之八十五的人允許這些 app 的開發者任何時候，只要想要，就可以打斷自己。

我們可以自由地根據自己的需求去調整設定；app 的開發者不會幫我們做這件事。但是要關掉哪些 app 的通知？而且要怎麼關呢？既然我們已經削減了手機上 app 的數量，我們可以調整推播通知的設定，這個步驟大概花了我三十分鐘，但也是讓我的生活改變最大的一個步驟。

如果你用的是蘋果的 iPhone，到「設定」裡面，然後選擇「通知」選項；或如果你用的是安卓的手機，在「設定」中找到「應用程式」選單，在那邊你可以依據自己的偏好，調整每一個 app 個別的通知權限。

根據我的經驗，有兩種通知的權限很值得你花時間去調整：

1. **提示音**——有音效的通知是最具侵入性的，你應該捫心自問，當你在跟家人相處或是在會議中的時候，應該要允許哪些 app 來打擾你？我只放行了簡訊和電話，只有這兩項擁有這個特權，雖然我也會使用一款每個小時都會發出提示音的 app，提醒自己保持在正軌上，去執行我當天行程表上規劃好的事情。[2]

2. **顯示通知**——音效之後，視覺形式的誘因具有第二強的侵入性，以我而言，我唯一允許通知的顯示方式是 app 圖示右上角的那些紅色圓圈，並且這樣的特權，我只給了訊息相關的 app，例如電子郵件、WhatsApp、Slack、Messenger。這些不是我遇到緊急狀況時會用的 app，所以我知道，我可以等到自己準備好的時候再把它們點開。

這兩種分類有個小問題，就是有些提示音會在我很專心的時候，或是晚上我已經睡著的時候響起，我希望這種外在誘因只有在緊急狀況發生的時候可以觸及到我。好在我

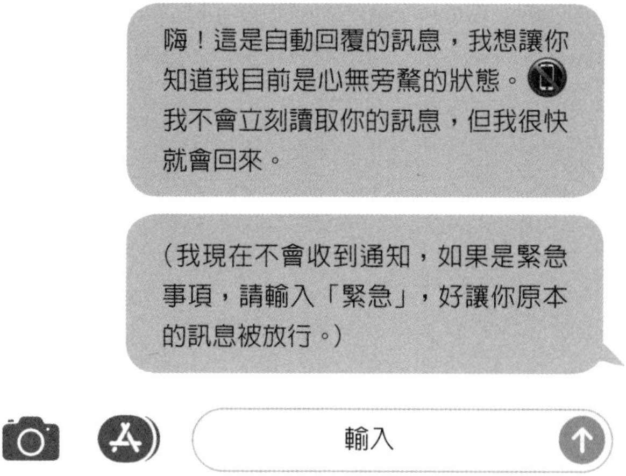
嗨！這是自動回覆的訊息，我想讓你知道我目前是心無旁騖的狀態。我不會立刻讀取你的訊息，但我很快就會回來。
（我現在不會收到通知，如果是緊急事項，請輸入「緊急」，好讓你原本的訊息被放行。）
輸入

用蘋果的「駕駛中請勿打擾」功能來客製化專心狀態時的自動回覆訊息。

的 iPhone 具備了兩個好用到不可思議的功能（安卓也正準備推出類似的功能）。

第一個是標準的「勿擾模式」，這個可以設定成把所有的通知都擋掉，包含來電和簡訊，但是倘若有人在三分鐘內打了兩次電話，或是在簡訊中提到「緊急」這個字眼，蘋果的 iOS 系統就會知道要放行這通電話和簡訊。

第二個功能是「駕駛中請勿打擾」的模式，這也可以擋掉所有的電話和簡訊，同時還會回覆一封簡訊給對方，告知他們你當下無法接聽電話，你甚至可以客製化

2 Chime, http://itunes.apple.com/us/app/chime/id414830146?mt=8.

這個訊息內容，讓大家知道你現在正處於專心的狀態。

有一點值得注意，就是手機上的外在誘因需要進行修正、管理以及維護，例如，每當我們安裝了一款新的 app 時，我們就需要去調整它的通知權限設定。好消息是蘋果 iOS 和安卓系統，兩家都計畫接下來各自的作業系統更新的時候，要讓通知的修改變得更簡便些。

要移除手機上多餘的外在誘因，你可以從很多地方下手，儘管 app 開發者可能有著非常強力的伎倆，卻不會是這四個步驟的對手——把那些沒用的 app 刪除、改變、重新排列、修正。把你原本會浪費在手機造成的分心行為上的時間，分一點點去客製化你的手機，並且刪除多餘的外在誘因，一個沒有任何分心源的行動裝置就唾手可及了；沒道理你駭不回去。

本章一點通

- **你可以用不到一個小時的時間，以四個步驟，駭回去你手機上的外在誘因。**
- **刪除**：把你不再需要的 app 解除安裝。
- **改變**：改變你使用那些可能會讓你分心的 app 的時機和裝置，這些 app 包括社群媒體和 YouTube，改成透過電腦而不是手機來使用；買支手錶，讓你不用再為了知道時間而查看手機。
- **重新排列**：把任何可能會導致盲目查看行為的 app 從主頁上搬走。
- **修正**：改變每個 app 的通知設定，要仔細選擇哪些 app 可以用警示音和顯示的形式把通知推給你，學著去設定手機上的「勿擾模式」。

第十九章

對付你的桌面，把它駭回去

倘若你看到羅伯．凡．艾斯（Robbert van Els）的筆電，可能會誤以為他是一名地下情報人員，他螢幕上緊急的檔案多到爆炸——很像是祕密組織的指揮總部。這個神祕的人格形象來自於他那些滿滿的 Word 文件以及 JPEG 圖檔所發動的攻勢，再配上底圖那台呼嘯的跑車，只需要稍稍一瞥，他的桌面就可以讓你的血壓上升。

但羅伯．凡．艾斯並不是情報頭子，他就只是一團亂。

很明顯地，電腦上的混亂失序跟一個人生活中的冒險並沒有連帶關係，任何人都可能發現他的生活中充斥著被塞得滿滿的桌布。不幸的是，這些數位的碎片會讓我們付出時間、降低工作表現並且扼殺專注力。

羅伯・凡・艾斯的桌面截圖。

我第一次遇到凡・艾斯是在一場研討會上，我那時候發表了一場演講，是關於數位產品的干擾。那個時候，他正瀕臨崩潰，他認知到，如果他想要讓他的生意有所成長，他需要重新贏回自己專注力的掌控權。「少分心，多點時間可以專心。」他這麼告訴我。過了不久，我得知凡・艾斯把我的簡報放在了心上，甚至還青出於藍；他透過臉書跟我分享了一張新的桌面截圖，並且向我報告：「目前為止，我已經試用這個新的桌面一個月了，成效顯著！」

凡・艾斯發現，一個塞得水洩不通的桌面不只是看起來很醜而已，要付出的代價也很高，其中之一就是認知能力上的降低。普林斯頓大學的一項研究發現，比起視野中的物件整齊排列的時候，如果舉目所及都是亂糟糟的一片，那麼在需要認知能力的任務上表現會變差。根據學術期刊《行為與資訊科技》上的一篇研究，同樣的結論在數位的環境中也一體適用。

不意外地，當東西雜亂無章的時候，我們的大腦找起東西來更加艱難，同時這也讓每個圖示、頁籤或是每一條不必要的書籤條目都變成是一種指責，提醒著那些還沒做完或是有待思考的事情。有這麼多的外在誘因，很容易就會不經意地從手邊的事情上分心去點擊別的東西。明尼蘇達大學的蘇菲・樂柔（Sophie Leroy）指出，從一件事跳到另一件事的時候，會對我們的專注力造成傷害，因為這之間會產生她所謂的「專注力殘留」，這讓分心後重新回歸正軌變得更加困難。

今日，凡・艾斯的桌面完全煥然一新，他把背景上呼嘯的跑車和上百個圖示都拿掉了，換成黑色的底圖，上頭只有簡單地用白色的一行字寫著：「我們最怕的事情，常常就是我們最需要去做的事。」

「移除視線中不必要的外在誘因，這可以疏通我們的工作環境，並且讓自己的心智獲得解放，於是就可以專注在真正重要的事情上面。」

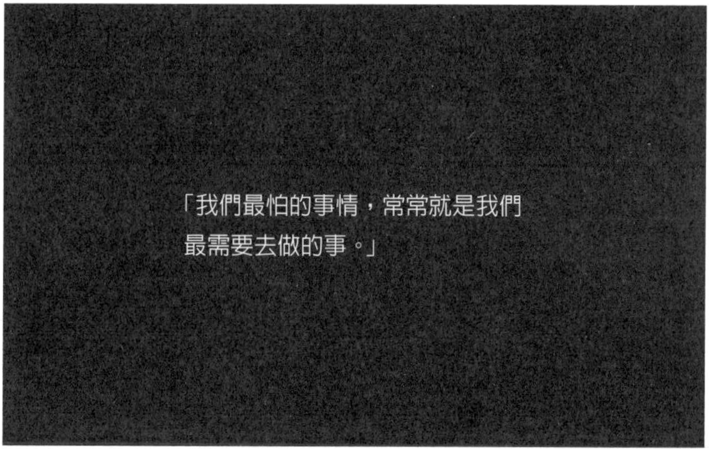
「我們最怕的事情，常常就是我們
最需要去做的事。」

羅伯・凡・艾斯現在的桌面——深具啟發性，並且沒有任何誘因。

我深受啟發，我決定要跟隨凡・艾斯的腳步，對我的桌面進行大掃除，除了一、兩個當週工作上會用到的檔案以外，我把之前塞滿我桌面的所有檔案都丟進一個叫作「一切」的資料夾（我知道，這真的非常具有原創性）。不必把檔案分類進不同的資料夾裡面，如果我需要一個檔案，我用搜尋功能來找。現在，我每個工作天都是從一張空無一物的桌布開始的。（你可以在 NirAndFar.com/indistractable 上面下載屬於你自己的心無旁騖桌布。）

但是我的掃蕩計畫可不僅止於此，我決定要停掉所有的桌面通知，好確保各式各樣的外在誘因再也無法打斷我。為了杜絕通知，我在我的 Mac 電腦上打開系統偏好設定，點選通知選項，然後把裡面所列的每一個 app 所有的通知都關掉。

我也用了「勿擾模式」功能來駭回去，我把「勿擾模式」的開啟時間設定成早上七點到隔天早上六點五十九分為止，這麼一來，就都會保持在開啟的狀態。用這些方法來駭回去，永無止境的桌面通知終於停止了，在 Windows 電腦上也可以用專注輔助工具來執行類似的操作，這個工具同時也可以放行來自特定人士的通知，像是你的老闆。

像凡．艾斯跟我一樣，你會發現一個沒有雜物的桌面，在每次打開電腦的時候，都會幫助你走向通往具有引力之事的道路上。你會獲得的好處之一，就是擁有一個數位空間，其中沒有任何東西會把你的注意力從你真正想要做的事情上拉走。

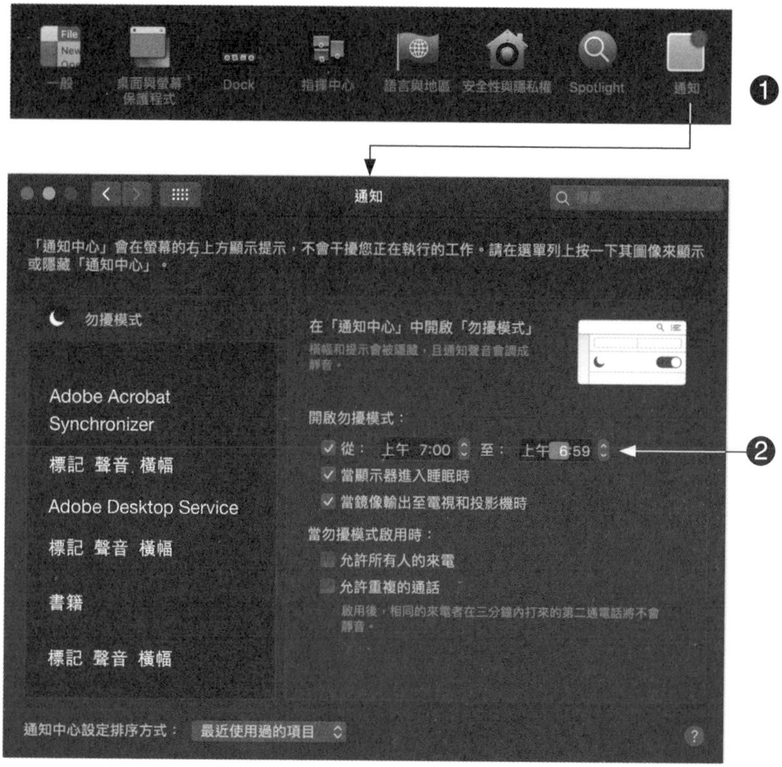

我把桌面通知都關掉了，並且把我的筆記型電腦設定成永遠都在勿擾模式下。

本章一點通

- **桌面塞得滿滿的，會讓你犧牲自己的專注力來繳納高昂的心理規費**。把你數位工作空間裡頭的外在誘因清除，這可以讓你保持專注。
- **把桌面通知關掉**。關掉電腦上的通知可以確保你不會在做需要專心的工作時，受到外在誘因影響而分心。

第二十章
對付線上文章，把它們駭回去

如果網路能說話，我相當確定聽起來會像《2001太空漫遊》裡頭的哈兒。

「哈囉，尼爾。」它可能會用它低沉、單調的聲音跟我說：「很高興我們又見面了。」

「網路，我只需要替我正在寫的這篇文章，很快地進行一下檢索，」我會這麼回答它：「然後就回到工作上，這次不會分心。」

「當然，尼爾。但是你都已經在這裡了，你不看一下新聞頭條嗎？」

「不看。網路，」我會說：「我只是想找到某些特定資訊，我不可以分心。」

「當然，尼爾。」網路會這樣回我：「但這個文章的標題是『你不可不知的十個生產力小撇步』，可能很有幫助喔，你真的不點開看看嗎？」

「很有趣呢，」我會語帶猶豫地說道：「快速地讀過去，然後就回到工作上。」

三個小時後，我才會醒悟到我浪費多少時間從一篇文章點到另一篇文章，然後就會咒罵網路，因為它又再度把我捲入內容的漩渦裡面了。

我不只是浪費了很多時間，閱讀過多的文章，最後我的瀏覽器上也開了如果不是上百個，至少也有數十個頁籤。這些外在誘因不只是讓我在未來更有可能分心，也造成我最害怕的當機，結果這麼多的頁籤以及無論我原本在做什麼，都會被一筆抹消。

好在一個簡單的規則解決了這些頁籤所帶來的所有困擾，並且讓我遠離這種盲目瀏覽網頁的行為。

「我絕對不在瀏覽器上閱讀文章。」

跟你想像的一樣，身為一個作家，為了做研究，我每天都會用到網路。但是，在發現一篇新的文章時，我現在不會在瀏覽器上立刻去讀它，我調整了我閱讀的時間和方式，也就是說，這個誘惑讓我想要花費超乎預期的時間來閱讀文章，而我把這個誘惑移除了；方法如下：

首先，我在手機上安裝了一款app，叫做Pocket，並且在電腦上的瀏覽器裝上同樣的外掛程式。為了要遵守我「絕對不在瀏覽器上閱讀文章」的這項規則，每當看到一篇我想讀的文章時，我就輕鬆地點擊瀏覽器中Pocket的按鈕，Pocket就會把這個網頁的文字拉下來，並存到我手機上的app裡面（沒有廣告或是任何多餘的內容）。

依據我以前的習慣，不是立刻在線上閱讀文章，就是讓這些內容把我的瀏覽器塞得水洩不通；現在我用新的習慣取代了，新習慣就是把文章存下來，之後再慢慢消化。這個新的行為並不是在壓抑我想咀嚼文字內容的誘惑，我其實感到同等的滿足，因為我知道那些文章非常安全，乖乖地在等著我晚點去讀。

但我什麼時候會去看存下來的上百篇文章呢？我該不會只是把問題從電腦挪到手機上吧？就是這個，駭回外在誘因與時間箱這兩項技巧可以結合，並大顯身手，而我可以收取龐大的利息。

所有人都知道一心多用會摧毀生產力，對吧？我們難道不都已經讀過很多研究和文章，它們都告訴我們，同時做兩件事情是不可能的？在某些方面，沒錯。有相當明確證據顯示，人類非常不善於同時處理兩件複雜的工作；一般來說，如果我們像雜耍一般，同時處理多項任務，我們會更容易出錯，還會花費更長的時間——有的時候得用上超過兩倍的時間——來完成這些任務。科學家相信之所以會產生時間的浪費和專業性的降低，是因為如果要改變專注的對象，我們的大腦需要相當費力地運作。

但是，一心多用如果用得好的話，可以讓我們只要努力一點點，就可以在同樣的時間內有著更多的產出。我把這個絕妙的小技巧稱為「多頻道多工」，這可以讓你在同樣一天的時間內有更多的收穫。要正確地進行多工，我們要先理解我們大腦的極限在哪裡，是什麼讓我們無法同時處理一件以上的事情。首先，大腦處理資訊的馬力有限——一項任務如果愈需要專注力，那麼剩餘的、可以拿來處理其他事情的空間就愈少，這也就是為什麼我們無法同時解兩道數學題的原因。

第二，大腦能夠專注的頻道數是有限的，況且來自同一種感官的訊號，大腦只能接收到一種，試著一次收聽兩個不同的 podcast，兩隻耳朵各聽一個，這兩個的內容你都會無法理解，除非你在腦海中把其中一個頻道關掉。

儘管我們只能從視覺上的一個頻道，或是在聽覺上的一個頻道來獲取訊息，但是我們可以完美地處理多頻道的輸入，科學家將其稱為「跨模態專注力」，而這種專注力可以使我們的大腦在我們思考其他事情的時候，讓某些心理程序進入自動駕駛的模式。

「只要我們不需要在某個頻道上太過專注，我們就有能力可以一心多用。」

研究發現，如果人類接收到來自多重感官的輸入，可以表現得更好。例如，當人類同時使用聽覺、視覺以及觸覺感官的時候，某些類型的學習表現會變好。一項近期的研究發現，比起坐著的時候，即便只是緩慢地在跑步機上步行，都能夠增強受試者在創意力測試中的表現。

某些頻道之間的多工搭配得特別好。跟朋友們一起烹調並享用健康的一餐可以讓你做出對身體有益的事情，同時也為你的人際關係做出投資；講電話時起身去辦公室外面走走，或是邀請同事開一個散步會議，也是一箭雙雕的做法；上班路上收聽非文學類有聲書也是個好例子，讓通勤時間得以發揮到最大值，同時也是付出時間，投資在自我成長上；煮飯或是清掃的時候如法炮製也會讓做家事的時間過得比較快。

另外有一種多頻道多工的模式已經證實，可以有效幫助大家保持健美。賓州大學華頓商學院的凱瑟琳・米克曼（Katherine Milkman）已經向我們展示了，利用某件我們「想」做的事當作支點，可以幫助我們更容易去執行那些「應該」做的事。在她的研究中，米克曼給了實驗參與者一台 iPod，裡面裝滿了各式各樣的有聲書，但是他們只能在健身房裡面聽。米克曼選了像是《飢餓遊戲》和《暮光之城》這類的書，她知道這些書的故事情節會令人欲罷不能。實驗結果非常驚人：「比起控制組，那些只有在健身房裡能夠取得有聲書的受試者，去健身房的次數多出了百分之五十一。」

米克曼的技巧被稱為「誘惑綑綁」（temptation bundling），只要我們想用一個對自己來說會產生獎勵的行為，來誘發另外一項行動時，都可以使用這個技巧。以我自己來說，我存在 Pocket 裡的文章就是運動的獎勵。

每次我上健身房或是長時間散步，我就可以用 Pocket 上「聆聽文章」的功能來聽取這些文章，這項內建的功能令人驚豔，而網路那個哈兒似的聲音則被一個性格明快的英國佬給取代，替我朗讀我選擇的文章，中間也沒有廣告。

讀完這些文章感覺起來像是個小小的獎勵，已經會鼓勵我去健身或是去散步，同時滿足我想獲得智性上刺激的這項需求，也讓我在書桌前的時候，不再受到閱讀的誘惑！各位，這個就是我們在這場對付分心源的攻防戰中，取得的三贏局面。

多頻道多工是個提高單日產值的技巧，但是使用率很低，我們可以把這個技巧放入我們的行事曆當中，來騰出更多時間進行具有引力的事情，並且使用誘惑綑綁來讓某些活動，例如運動，變得比較愉快。

對於這些「再讀一個就好」或是打開一個頁籤「晚一點再看」深具誘惑性的拉力，我的提案是去克服它們的一種方法。藉由改變我以前的壞習慣，用新的規則和工具來取代，我的產值提高了，也止住了哈兒那個誘人的呼喚。現在，當線上的文章引誘我去把它點開的時候，我會像機器人一樣自動回應：「網路，我很抱歉，恐怕我無法那麼做。」

本章一點通

- **線上文章充滿了可能會讓人分心的外在誘因**。打開新的頁籤可能會把我們拉離軌道，並且經常會把我們捲進一個浪費時間的內容漩渦。
- **訂個規則**。答應自己，你會把有趣的內容用 Pocket 這類的 app 存下來，之後再讀。
- **驚喜！你可以一心多用**。採用多頻道多工的方式，例如在健身時聽取文章，或是進行散步會議。

第二十一章

對付動態消息，把它們駭回去

在紐約市的地鐵上，我常常發現自己被一群滑著社群媒體的人給環繞，他們低著頭，試圖在到站前，讀完某則新聞動態的最後一行，像是要衝破一條假想的終點線似的。社群媒體是各種分心源中特別邪惡的一項，推特、Instagram、Reddit 這種網站的設計就是要讓外在誘因大量孳生——新聞、更新和大量的通知。

無止境地滑著臉書動態牆，這個動作是一個精妙的行為學設計，也是企業對於人類永無止境地追求新鮮感的這個傾向所做出的回應。但僅僅因為臉書使用了精密準確的演算法來誘使我們一直去點擊，並不代表我們就無能為力；我已經找到重拾控制權最有效的方法了，就是把整個動態牆刪掉。覺得這是不可能的嗎？是可能的，方法就在這邊。

瀏覽器上有一個免費的外掛程式，叫做 News Feed Eradicator for Facebook，它的功能正如其名，動態牆上有著無數誘惑性的外在誘因，而它可以直接刪除一切的源頭，並用深具啟發性的名言金句來取代動態牆。如果這個工具對你而言還不夠新奇，還有另外一個免費的外掛，叫作 Todobook，它可以用使用者的待辦事項來取代臉書的動態牆。你捲動的將不再是動態消息，我們看到的會是我們當天計畫好要執行的任務，並且，唯有等到我們把待辦事項都完成了，才能把動態消息給解鎖。Todobook 的創辦人伊恩・麥克里斯特（Ian McCrystal）告訴 Mashable 這個部落格網站：「我熱愛動態消息，我只是想要跟它擁有健康一點的關係……所以我想要一個方法來維持我的產值，但是還是可以使用臉書上其他不那麼讓人分心的部分。」（到 NirAndFar.com/indistractable 這個網站上有我最喜歡的、可以對付分心的工具連結。）

以我個人來說，我依然會使用臉書，但是現在我用我所想要的方法去使用，而不是按照臉書的意圖。當我想看到某個特定朋友新發的狀態，或是在臉書上參與某個特定社團的討論，我會直接去我想去的頁面，而不是跟自己拔河，試圖讓自己遠離動態消息。我幾乎每天都會在我的行事曆上分配時間來查看臉書，但是不包括動態消息裡面多餘的

你可以把動態消息移除，來對付臉書。

外在誘因，我不會被它們誘惑，讓我掉進瑣事的兔子洞；我打開臉書來看，然後關掉，時間不會超過十五分鐘。

雖然有些外掛，例如 Todobook，在其他社群網站上也能用，包括 Reddit 和推特，但是仍然有其他方法可以避免這些以動態為主的社群網站，用一個聰明的小規則來設定書籤，你就可以避開動態牆。

舉例來說，輸入「LinkedIn.com」會帶你到該網站的動態牆，那裡有成串的故事，可能會讓你花上好幾個小時，不停刷新動態以及點擊上面的內容。雖然我可以在瀏覽器上安裝一支外掛，叫做 Newsfeed Burner，它可以把 LinkedIn 動態刪除，但是 LinkedIn 上的產業動態還是讓我受益良多，我也不想要它真的消失得無影無蹤。在這種情況下，我不會刪除這些動態，而是單純在我造訪這個網站的時候，掌握精準的網址，確保我選擇了一個外在誘因較少的目的地，也就比較不會分心。

我是這麼做的：在我安排好的，拿來使用社群媒體的時段內，我會在瀏覽器上點擊一個按鈕，啟動一支叫作 Open Multiple Websites 的外掛程式。正如其名，這個按鈕會打開所有我已經預載好的網址，因為我不想要一打開網站就落在 LinkedIn.com 的動態上面，所以我預載的網站是 LinkedIn.com/messaging，我可以在這裡讀取並回覆訊息，並且不會淪為這些永無止境又讓人分心的動態的受害者。同樣地，點擊這個按鈕，這支外掛程式同時也會打開 Twitter.com/NirEyal，我可以在這裡回覆留言和問題，而不會看到那些惡名昭彰又不停刺激著我的推特動態。

「避開動態，我就更有機會，可以真正謹慎地使用社群媒體，並且依然有時間積極跟他人交流。」

正如同臉書和 LinkedIn 這些公司採用行為設計的方法，要讓我們滑個不停，YouTube 上有著強大的外在誘因，而它也採用了類似的心理學手法，讓我們想要一直看下去。當你在看一支影片的時候，YouTube 的演算法忙著預測你接下來有可能會想要看些什麼，根據你當下正在看的影片的主題以及你的觀看紀錄，YouTube 會在網頁的右側把推薦的影片縮圖推給你，通常位置會在廣告主向你投放的廣告的下面。跟動態時報很類似，你一打開 YouTube 就會看到這些影片縮圖，接著就把你送上一場尋寶之旅，找尋著更多的

你可以把讓人分心的影片縮圖和廣告給移除，以此對付 YouTube。

數位寶藏。這樣的外在誘因，就是要讓你一支影片接著一支影片地看個不停。

當然，把時間花在 YouTube 上面這件事情本身並沒什麼問題，我在我的行事曆上保留了一個時間箱，讓我沉浸在 YouTube 影片之中，而我也非常樂此不疲！但是比起盲目地觀看下一支推薦影片，或是點擊另外一個極具吸引力的推薦影片，我用了一些自己的方法來保障自己只收看那些我計畫好要看的影片。

確切來說，我很喜歡一款免費的瀏覽器外掛程式，叫做 DF Tube，它會去掉許多令人分心的外在誘因，並讓我可以好好地看我想看的影片。我發現把在側邊的推薦影片和廣告從螢幕上拿掉，有莫大的幫助。

從動態時報到推薦觀看的影片，克服了社群媒體上無數的外在誘因，代表我們在追尋心無旁騖的旅途上又往前邁出了一大步。無論我們到底選用了哪種工具，最重要的是在體驗這些服務時，重新贏回控制權，而不是讓社群網路控制了我們的時間和注意力。

本章一點通

- **我們在社群媒體上滑著的那些動態，就是故意要讓我們深陷其中**。動態上滿滿的都是外在誘因，會讓我們分心。
- **把動態駭回去，並取得掌控權**。使用免費的瀏覽器外掛，例如 News Feed Eradicator for Facebook、Newsfeed Burner、Open Multiple Websites 以及 DF Tube，來把讓人分心的外在誘因給移除。（這些服務的連結以及其他的資源都可以在 NirAndFar.com/indistractable 取得。）

第四部
用協定來預防分心

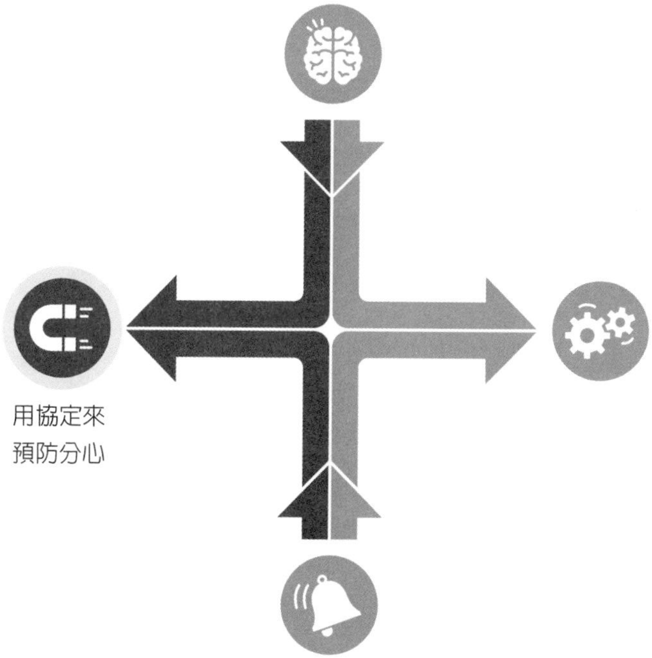

第二十二章

預先承諾的力量

作家強納森．法蘭岑（Jonathan Franzen），被《時代》雜誌譽為「偉大的美國小說家」，面對分心，他同樣掙扎不已，就跟你我一樣，但是法蘭岑跟大部分的人之間的差別在於，他用非常激烈的手段來讓自己專心。根據二〇一〇年《時代》雜誌上的簡歷：

他使用一台過時而笨重的戴爾筆電，他把這台筆電清得一乾二淨，甚至找不到傷心小棧和接龍的痕跡；即便連作業系統的層級也是清理得乾乾淨淨。由於法蘭岑相信，用連網路的電腦是寫不出真正的小說的，所以他不只是把戴爾電腦的無線網卡拔掉，甚至永久性地把乙太網路的插槽給封住了。「你只要，」他解釋道：「插入一條接頭上塗著強力膠的乙太網路線，然後從小小的接頭處把線鋸斷就行了。」

法蘭岑的方法看起來相當極端，但是非常時期需要非常手段。知名導演昆丁．塔倫提諾從來不用電腦寫劇本，他比較喜歡手裡拿著一本筆記本這樣工作。普立茲獎得主，作家鍾芭．拉希莉（Jhumpa Lahiri）用紙筆寫書，再用一台沒有網路的電腦打字。

這些專業的創意工作者了然於心，要做到專心，不只需要把分心拒於門外，更是要讓我們自己真的在狀況內。我們已經學會怎麼去管理內在誘因、替具有引力的事物騰出時間以及對抗外在誘因，要變得心無旁騖，最後一個步驟是得要讓自己不會因為一時不察而分心。要做到這一點，我們得要學會一個非常有力的技巧，叫做「預先承諾」（precommitment），這個技巧會事先消除某個未來的選項，好讓我們克服自己的衝動。

雖然研究人員依然還在探討為什麼這個技巧如此有效，但是預先承諾其實是個相當古老的方法。最具代表性的預先承諾大概在《奧德賽》的故事裡就已經出現了，故事中，尤里西斯必須要帶著船員把船駛過賽蓮的海域，賽蓮的歌會魅惑人心，會吸引水手駛向自己，當水手靠近的時候，就會撞上賽蓮所在的海岸，岸邊礁石滿布，水手便命喪

在荷馬的史詩《奧德賽》中，尤里西斯藉由建立預先承諾來抗拒賽蓮的歌聲，並且成功地避免分心。

於此。

尤里西斯知道眼前的危險，便想了個聰明的計畫以避開宿命。他命令手下全員用蜂蠟堵住耳朵，這樣他們就聽不到賽蓮的呼喚了，所有人都遵守了尤里西斯的指示，除了他自己之外，他想要親自聽聽看賽蓮絕美的歌聲。

但是尤里西斯明白，他不是會被引誘把船駛向礁石，就是會為了接近賽蓮而躍入海中。為了要保護自己和他的手下，他命令船員將他綁在船的桅柱上，並且下了一道命令：無論他中間說了什麼或做了什麼，都不要替他鬆綁，也不要改變航向，直到船抵達安全的水域為止。船員們遵循了他的命令，當船駛過賽蓮所在的海岸時，他一時之間被她的歌聲所迷惑而變得瘋狂。盛怒中，他叫手下放他自由，但由於船員們既聽不到賽蓮的聲音，也聽不到船長的指示，他們安全地駛離了這片危險的海域。

「尤里西斯協定」的定義是：「一項出於自由而做出的決定，其用途以及目的是限制未來的自己。」並且這也是一種我們至今仍在使用的預先承諾。舉例來說，我們預先訂下了醫療決定，好讓我們的醫生和家人知道我們的想法，以免屆時喪失能力，無法做出健全的判斷。我們為了在財務上有保障而訂下預先承諾，把錢存在退休金帳戶裡，如果提早領出的話就要面對巨額的罰金，以此確保自己不會去動用未來生活所必要的資金。我們希冀能夠在一段關係裡，終生都對彼此忠貞不渝，而這一點被規定在婚姻合約裡面。

這種預先承諾強而有力，因為可以讓我們在頭腦清楚時做出決定，並且將其封住，不再更動，也讓自己比較不會在之後做出有違自己最佳利益的行動。正如同我們在生活的其他方面所做出的預先承諾一樣，我們可以用這種方式來作為對抗分心的防禦招式。

「在我們已經採用了心無旁騖模型中的前三個面向之後，才是進行預先承諾最有效的時機點。」

如果我們並未先從根本去解決那些驅動我們分心的內在誘因，也就是我們在第一部分中所學到的內容，我們注定會失敗；同樣地，如果我們並未做到第二部分裡面所學到的，保留時間去從事具有引力的事情，我們的預先承諾就一點用也沒有；而最後，如果我們不在訂定預先承諾之前，先把多餘的外在誘因移除，那麼很可能不會成功。預先承諾是最後一道防線，為的是預防自己不要因為一時不察而分心，在後面幾章裡面，我們會去探索三種預先承諾，我們可以用這些承諾，讓自己不要偏離正軌。

本章一點通

- **心無旁騖不只是把分心拒於門外，**也需要讓我們自己保持在狀態內。
- **預先承諾可以降低分心的可能性。**預先承諾會幫助我們堅持下去，繼續執行我們事先做好的決定。
- **應該要在另外三項心無旁騖策略都已經實施了之後，再制定預先承諾，**不要跳過前三個步驟。

第二十三章
用費力協定來預防分心

大衛・克里彭多夫（David Krippendorf）和曾瑞恩（Ryan Tseng）是兩位發明家，他們想出了一個簡單方法，來終止深夜大啖不健康美食的不好習慣。他們做出的裝置是kSafe（前身是Kitchen Safe），這是一個塑膠容器，蓋子上附了一個可以計時的鎖。

把誘惑你的點心（像是我個人最愛的奧利奧餅乾）放進這個容器裡面，然後設定kSafe的計時器，把容器鎖上，直到計時結束才能開啟；當然，還是可以用榔頭把這個容器給砸爛，或是跑出去買更多的餅乾，相對地也要付出更多的力氣，使得這些選項較不可能真的發生。克里彭多夫和曾瑞恩所提出的這個概念太具有說服力了，這讓他們在實境秀「創業鯊魚幫」上贏得了一筆資金，而這項產品現在在亞馬遜上有大約四百條五顆星的評價。

kSafe 是預先承諾的一個例子，很準確地示範了費力協定的好用之處——預先協定的一種，它會提高執行一項不受歡迎的行動的費力程度，這類的預先協定可以幫我們達到心無旁騖的目標。

「費力協定會提高去執行這些多餘行為的難度，藉此來預防分心。」

我們現在遇到的是，新產品和新服務爆炸性地大量湧現，爭先恐後地要協助我們跟數位裝置訂定費力協定。例如，每當我用筆電寫作時，我就會點擊 SelfControl 這個 app，這會把我擋下來，讓我開不了那一大堆讓人分心的網站，像是臉書和 Reddit，以及我的電子郵件帳戶；我可以按照自己的需求來設定阻擋的時間長度，時間設定的級距，一般來說是四十五分鐘到一小時。另外一款 app 叫作 Freedom 則更精密一點，不只是可以阻擋電腦上的潛在干擾源，也可以在行動裝置上使用。

「專注森林」（Forest）大概是預防分心 app 中，我最喜歡的一款，我發現自己幾乎天天都會使用。每次我想要跟自己建立一項費力協定，避免自己分心去滑手機，我就會打開專注森林這個 app，然後設定我想要遠離手機的時間長度。只要我按下「開始種樹」的按鈕，螢幕上就會出現一株小小的幼苗，計時器也開始倒數。如果在計時結束之前，我想要用手機做別的事，我這棵虛擬的樹就會死掉。害死這棵小小的虛擬樹木這個念頭，讓我感到足夠的困擾，於是打消去把這個 app 關掉的企圖——它用視覺上的提醒，讓我記得跟自己訂下的協定。

蘋果和 Google 也正準備加入這場運動，共同對抗數位分心源，它們把費力協定加入作業系統裡面。蘋果的 iOS 12 上有「停機時間」這個功能，讓使用者可以對特定的 app 設定時間限制，如果使用者企圖在定義的時間內去使用清單中的 app 的話，手機就會要他操作更多的步驟，好確定他是真的想要打破這個協定。較新版的安卓系統裡的數位健康，也提供了類似的功能。

讓自己多費點力，這會迫使我們自問，分心行為是否值得自己這麼費力。無論是藉由像是 kSafe 這種產品的幫助，或是借助於專注森林這類型的 app，費力協定並不只限於自己跟自己的約定，還有一個非常有效的方式可以促成費力協定，那就是跟別人建立協定。

在先前的世代，社會壓力會讓我們專注在工作上——在個人電腦發明之前，工作時拖延的話，整個辦公室都會輕易發現。閱讀《運動畫報》或是時尚雜誌《Vogue》，或是在電話上跟朋友細述剛剛結束的那個週末都做了些什麼，這些都是在向同事送出訊號，等同告訴他們，我們現在在偷懶。

相比之下，沒什麼人可以看見我們工作的時候在滑什麼內容或是點擊哪些連結，我

專注森林 app 是個簡單的方式，在手機上跟自己建立費力協定。

們會發現一整個工作天下來，自己在筆電上埋首查看的都是運動賽事的比數、動態時報或是名人的八卦頭條。對路過的人來說，你的動作看起來就像是在做敬業分析，或是在跟進潛在客戶，螢幕的隱私性成了一種偽裝，要專心在工作上的社會壓力消失了。

當我們遠距工作時，這個問題變得尤其嚴重，有鑑於我傾向在家工作，在明知道應該要寫作的時候，我發現自己真的太容易偏離正軌了。當我無法好好專心的時候，重新引入一點點社會壓力或許會有所幫助吧？我直接把這個問題拿來實驗，我拜託一位朋友泰勒，他也是個作家，請他跟我一起工作。上午的時候，我們大多會並肩坐在我家的工作室裡，我們同意以四十五分鐘為單位工作。當我正好失去動力時，看著他努力工作的樣子，並且知道他也看得到我，讓我得以持續執行該做的事。安排時間，跟朋友一起進行需要專心的工作，證明是個有效的方法，讓我們可以去真正執行最重要的事。

但是如果我們找不到時間對得上的同事怎麼辦？當泰勒離開，去參加一場為期一週的研討會並進行發表時，我需要跟別人建立一個費力協定，好重現同樣的經驗。好在我找到了 Focusmate，他們的願景是協助世界各地的人保持專注，他們用了一對一的線上服務來促成費力協定。

泰勒不在的時候，我在 Focusmate.com 註冊了帳號，並且跟一位捷克的醫學生配對，他叫作馬丁。由於我知道約定的時間一到，他就會等我一起工作，而我不想要讓他失望，所以當馬丁努力地想要把人體各個部位記下來的時候，我也專心地在寫作。為了讓用戶約好時間之後，不要輕易爽約，他們鼓勵使用者對他們的專注夥伴留下評論。[1]

費力協定讓我們比較不會把手邊的工作拋下，無論是跟朋友還是同事訂定這個協定，或是透過工具，例如專注森林、SelfControl、Focusmate 或是 kSafe，費力協定是個既簡單又有效的方法，讓我們不要分心。

本章一點通

- **費力協定會提高去執行這些多餘行為的難度，藉此來預防分心。**
- **在人人都擁有電腦的時代，讓自己專心工作的社會壓力大幅降低。**沒人看得到我們在忙什麼，所以就更容易懈怠。在設定好的時間內，跟朋友或同事一同並肩工作，可以是一種高度有效的費力協定
- **你可以運用科技，好讓你遠離科技。**SelfControl、專注森林以及 Focusmate 這類的 app 可以幫助你建立一個費力協定。

1 我太喜歡這個服務了，所以我決定去投資 Focusmate。

第二十四章

用代價協定來預防分心

代價協定是預先承諾的一種，讓你拿出一部分的錢作為賭注，好激勵自己去做那些我們說要去做的事。如果你堅持住了你的目標，那就可以把錢留住；分心的話，就會失去這筆錢，聽起來很嚴酷，但效果驚人。

《新英格蘭醫學期刊》上的一篇研究展現了代價協定的威力，這篇研究測試了三組吸菸者，他們都想戒除這個不健康的習慣。研究中，有一組是控制組，給予這組受試者的是教育訓練，並且搭配傳統的戒除方法，像是免費的尼古丁貼片。六個月之後，控制組的人當中，有百分之六的人成功戒菸。第二組叫作「獎金組」：如果六個月後他們成功戒菸，就能獲得八百美元的獎金，其中有百分之十七的人成功了。

但是，第三組的結果是最有趣的，這組叫作「保證金組」，參加者需要做出預先承諾，自掏腰包放入一百五十塊美金，作為六個月後不再抽菸的保證金。唯有他們成功達成目標，才可以拿回這一百五十塊美元的保證金，並且作為補償，成功拿回保證金的人同時會再獲得由他們的老闆所支付的六百五十美元的額外獎金（相對於「獎金組」的八百美元獎金）。

結果呢？在接受保證金挑戰的人當中，有百分之五十二的人成功完成目標，令人驚豔！你可能會想，獎金愈高，想成功的動力也就愈大，那為什麼八百美元的獎金卻不如六百五十美元再加上一百五十美元的保證金獎金來得有效呢？會不會是保證金組的受試者原本想戒菸的動力就比較高呢？為了避免這個潛在偏誤的發生，本篇研究的作者只採用了那些兩組都願意參加的受試者資料。

為了解釋這項結果，研究的其中一位作者寫道：「人們比起追求收益，會有更高的動力去迴避損失。」失去的痛苦大於獲得的愉快，這項非理性的傾向叫作「損失規避」（loss aversion），這是奠定行為經濟學的礎石。

我已經學會怎麼去駕馭損失規避的力量，並用在正面的地方。幾年以前，我會為了逃避規律運動而找很多藉口，並因此感到挫折不已。那時候，上健身房再簡單不過了——設備齊全的健身房就在我住的大樓社區裡面，我無法把缺席的原因怪罪於塞車、也不能怪說會員資格已經到期了，因為居民是免費入會的。甚至去好好散個步都比什麼都不做要強，但我就是可以找到理由，不去健身。

我決定要替自己訂定一個代價協定，在我的行事曆裡安排出對應的時間箱之後，我把一張嶄新的百元大鈔貼在我牆上的月曆上，就在我下次運動的日期旁邊，然後我買了一個九十九分的打火機，就放在旁邊。每天，我都要在兩個選項中選一個：要嘛用運動來燃燒卡路里，要嘛把這張百元大鈔燒掉，除非我真的病了，不然我只允許自己在兩個中選一個。

只要我發現自己找了無關緊要的藉口，有個再清楚不過的外在誘因會提醒我，就是這個我向自己和自己的身體健康所做出的預先承諾。我知道你在想什麼：「太極端了吧！不可以就那樣把錢給燒了！」這就是重點，這個「燃燒或是燒掉」的方法我已經用了三年，期間我的肌肉增加了十二磅，並且從來都沒有把任何鈔票給燒掉。

就如同我這個「燃燒或燒掉」方法所示範的，替分心標上一個價格，代價協定就可

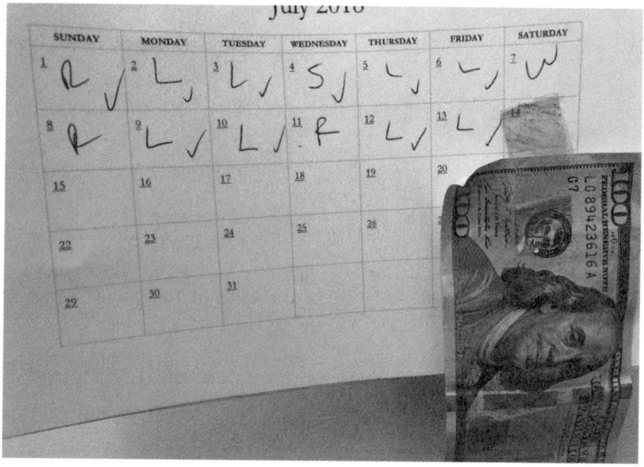

這是我的「燃燒或燒掉」月曆，我每天早上第一眼看到的就是這個，它提醒了我需要燃燒卡路里，不然就得燒掉百元鈔票。

以讓我們不得不行動。但是代價協定不只是可以用在戒菸、減重或是健身目標上，事實上，我發現這對於達成我在職業上的抱負相當有幫助。在我花費了將近五年的時間，替這本書做研究之後，我知道終於是時候要開始在紙上爬格子了，但是我發現每天讓自己坐下來寫作非常困難，而且我還發現自己持續地在線上以及線下進行更多的研究，而不是寫作。更糟的是，我發現自己只要再多點幾下滑鼠，就會花時間收看些跟我的寫作目標毫不相關的媒體，很明顯地，我並沒有在創造引力。

看著那些假意的開頭、寫了一半的

章節，以及未完成的大綱，我終於受夠了。我決定要讓我自己承擔一點風險，並且加入一個代價協定，好讓我自己對寫完這本書這個重要的目標負起責任，讓自己首當其衝。

我拜託我的朋友馬克，請他成為這個代價協定的夥伴，並且承擔最後的結果。假如我沒有在約定的日期之前完成這本書的初稿，我必須要付他一萬美金。光是這個想法就讓我緊張到肚子隱隱作痛——如果這筆錢被沒收了，那麼我存起來要當作四十歲生日的假期預算也就沒了，我想要拿來買一張可調式書桌的資金也沒了，最令人絕望的是，這本書也就沒了，完成這本書是我非常懇切地想達到的目標。

代價協定之所以有效，是因為把失去的痛苦感轉移到當下的這個時間點，而不是遙遠的未來。放入多少錢也不是太重要，只要失去的錢，其數量足以讓你心痛就可以了。對我來說，代價協定非常管用，因為當我知道要付出這麼大的代價時，我會更加卯足了勁來工作。我每週有六天，每天會花至少兩個小時，專心一志地寫作，這個是在我行事曆上的時間箱裡，我每天都在這段時間內真的去執行工作。最後，我成功保住了我的錢（也保住了我的假期和可調式書桌），而你現在讀的，正是我工作的成果。

說到這裡，你可能會覺得面對分心，代價協定是個牢不可破的防禦，那麼何不就直接讓分心的代價提到很高，好讓你一直都保持在正軌上？事實上，代價協定不是每個人、每個情況都適用。雖然代價協定非常有效，卻有一些條件。要享受代價協定能帶來的最好效果，我們需要先知道其中的一些陷阱。

陷阱一：如果有無法避免的外在誘因，那麼代價協定在改變行為上的效果就不會好

有些行為不適合利用代價協定去改變，如果無法移除跟這項行為相連的外在誘因，就不建議使用這種預先承諾。

例如，咬指甲是個非常刁鑽的壞習慣，非常難戒除，因為會咬指甲的人每次意識到自己的手時，就會想要咬指甲。這種以身體為核心的重複性行為並不是進行代價協定的

好目標；同樣地，當你旁邊坐了一個同事，老是時不時想要給你看他那隻「超級可愛的」小狗的照片，你卻試著想要完成一個很大的、需要全神貫注的專案，這也是非常不合邏輯的一件事。代價協定只有在你能夠把外在誘因關掉或是移除的狀況下才適用。

陷阱二：代價協定只應該用在短期任務上

像是我的「燃燒或是燒掉」這種代價協定的實施之所以會有用，是因為這些協定只需要短期爆發性的動力——舉例來說，很快地去一趟健身房，兩個小時的專心寫作，或是菸癮來時進行「衝動衝浪」。如果我們被一個協定綁住的時間太長，我們會開始把它跟處罰聯想到一起，因而瞬間造成強烈的反效果，例如對這個任務或是目標心懷怨恨。

陷阱三：讓自己進入代價協定是很可怕的一件事

儘管我們知道代價協定多有用，大部分的人一想到要在自己的生活中真的運用代價協定就退縮了——我一開始也的確是如此！對於我「燃燒或燒掉」的規則，我也很掙扎，因為我知道這意謂我必須去做一些讓我感到不舒服的事情，像是去健身房；同樣地，跟馬克握手並達成協議，做出承諾表示我會把手稿寫完，這就讓我緊張到冒汗。之後我才發現，用這種技巧設定目標，會大大提高成功的可能性，而拒絕使用這樣的技巧是多麼不合邏輯的事。

「進入代價協定時，要預期到會有一些惶恐不安的情緒，但是無論如何就去做吧。」

陷阱四：代價協定不適合會過分苛求自己的人

雖然之前我們討論到的研究是目前為止最成功的戒菸研究之一，保證金組中還是大約有百分之四十八的參加者並未達成目標，改變行為很困難，也有些人會失敗。任何企圖改變長期行為的計畫都必須要去接納那些無法持續執行的人，無論他們是出於什麼樣的原因。要知道怎麼從失敗中重新振作，這點至關重要——就如同我們在第八章中學到的，面對挫折要用同理心對待自己，而不是自我批評，這是讓自己回歸常軌的方法。在使用代價協定的時候，要確保你能用寬容的心態對待自己，並且要有一個認知，就是你隨時可以調整這個計畫，再給它一次機會。

這四個陷阱都無法否認制定代價協定的好處，而是一種先決條件，讓我們可以判斷自己是否使用了正確的工具。使用得當的話，代價協定可以是個很有效的方法，藉由指定分心行為的代價，可以讓我們面對困難的任務時保持專注。

本章一點通

- **代價協定是指替分心增加成本。**這已被證實可以很有效地提供動力。
- **當你可以把導致分心的外在誘因給移除時，代價協定才能發揮最大的效果。**
- **當分心的來源是暫時性的時候，代價協定才會成功。**
- **要做出代價協定可能很困難。**我們會怕去訂定代價協定，因為我們知道自己得真的去做那些讓我們害怕的事。
- **在制定代價協定之前，要先學會對自己有同理心。**

第二十五章

用身分協定來預防分心

要改變行為，最有效的方式之一就是改變身分認同。別擔心，不是要你去參加證人保護計畫或是加入中情局，而是現代心理學研究所證實的，稍微改變我們看待自己的方式，這對於我們未來的行動可能會產生戲劇性的影響。

這要說到一群史丹佛大學的心理學家在二○一一年做的一項實驗，有一位名叫克里斯多福．布萊恩（Christopher Bryan）的年輕研究人員，他設計了一項研究，測試促使個體稍微改變一下看待自己的方式時，會產生什麼樣的影響。首先，他要求兩組已註冊的選舉人，針對即將到來的選舉回答一些問題。其中一組人拿到的問卷中使用了動詞「投票」——例如，「投票對你而言有多重要？」第二組人也回答了類似的問題，但是問題中使用的是名詞「選舉人」——例如，「作為一個選舉人對你而言有多重要？」文字上的差異看起來不大，但是效果卻是非常顯著。

為了要測量這個在文字上小小的代換所帶來的效果，研究人員在受試者填寫完問卷之後馬上詢問了他們去投票的意願，並跟公開的投票率進行交叉比對，好驗證他們是否真的去投票了。實驗結果是「在客觀測量的投票率結果當中，有史以來觀測到的成效最好實驗之一」，布萊恩和他的共同作者在《美國國家科學院院刊》上發表的一篇研究中如此寫道。他們發現，拿到問卷上寫著「選舉人」的人，和拿到問他們多可能去「投票」的人相比，前者更可能去投票。

因為結果實在太讓人驚訝，所以研究人員在另外一場選舉中，又再重新做了一次一模一樣的實驗，實驗結果還是一樣：「選舉人」組的表現戲劇性地超越了「投票」組的表現。

布萊恩做出結論：「比起把『投票』僅僅當作一個行為，如果投票所代表的是一種表現自我的方式——也就是象徵著——個人最基本的人格特質，大家更可能會去投票。」

自我印象對我們的行為可能會產生相當大的影響，而且潛移默化之下，受到影響的可不只限於身在投票亭的時候。身分是認知上的另外一個捷徑，可以幫助我們的大腦事先做出決定，在沒有身分認同的狀況下，做出選擇可能會相當困難，而身分會讓做決定的流程更精簡順暢。

「我們認為自己是誰，這樣的看法會影響我們做出哪些事。」

我們看待自己的方法，對我們如何處理分心和無心的行為也有很深的影響。《消費者研究期刊》上的一篇研究中，針對了人們在面對誘惑時所選用的文字進行了測試，實驗中，有一組人收到指示，在思考不健康食品的選擇時，要使用「我不能」這樣的字眼，另外一組用的則是「我不會」。研究的最後，為了感謝他們花時間參與，受試者可以選擇要拿一條巧克力棒或是一條穀物棒。「我不會」那組，帶著較健康的品項走出去的人數是另一組的幾乎兩倍。

這項研究的作者將這個差異歸因於，使用「我不會」而非「我不能」所帶來的「心理賦權」效果。研究結果跟投票研究的結果相當類似：「我不能」所連結到的是行為，而「我不會」是跟人本身有關。

為了要借助身分認同的力量來預防分心，我們可以進行我所謂的「身分協定」，這是一個在自我形象上的預先承諾，這會幫助我們去從事我們真正想要做的事情。

有個老哏的笑話是這樣子的：「要怎麼知道某個人是不是素食主義者？」笑點在這裡：「別擔心，他們自己就會告訴你。」你可以把「素食主義者」用其他的稱號來代換，從馬拉松選手到海軍陸戰隊隊員，這個笑話還是一樣會成立。

我是一個素食主義者，吃素吃了五年，任何曾經嘗試過無肉飲食的人都知道，朋友們老是會問：「你不想念肉食嗎？我的意思是，肉這麼好吃！」當然我很想念肉食，但是，當我開始自稱為一個素食主義者的時候，不知怎麼地，那些曾經令我胃口大開的肉食變得不一樣了，我曾經很愛吃的食物現在變得難以下咽，因為我改變了對自己定義的方式。並不是說我「不能」吃肉；我是素食主義者，而素食主義者「不會」吃肉。

當我建立這樣的身分協定，我限制了自己未來所擁有的選擇，但是拒絕吃肉變得不再困難。與其說是一份苦差事或是負擔，它變成就只是我不做的一件事，就像意志堅定的穆斯林不飲酒、虔誠的猶太教徒不吃豬肉一樣——他們就只是不這麼做。

「藉由讓我們的行為符合自己的身分認同，我們會根據相信自己是什麼樣的人而做出選擇。」

記得這一點之後，我們要採取什麼樣的身分認同來協助我們對抗分心呢？這本書為什麼叫作《專注力協定》，現在應該很清楚了吧？歡迎你使用這個新的稱號！把自己當作是個「心無旁騖者」，亦即用新的身分認同來自我賦權，你也可以把這個身分視為一個理由，來向別人解釋你為什麼會做出這些「奇怪的」舉動，像是精心規劃時間、拒絕即時回覆每一條推播通知，或是當你不想要被打擾的時候，在自己的螢幕上立一個牌子。這些行動就跟其他身分表現的行為差不多，像是穿著宗教服飾或是特殊的飲食習慣。是時候讓自己變得心無旁騖並引以為傲了！

把自己的新身分告訴別人是個鞏固協定的好方法，你注意到有多少宗教都鼓勵他們的信徒去宣揚他們的信仰嗎？傳教工作是增加信徒的一種方式，但是，從心理學的角度來說，宣教可不只是要吸引不信教的人加入。根據最近的幾項研究，向別人講道，對於講道者的動力和信念都會產生重大的影響。有兩位研究人員蘿倫・愛斯克瑞斯—溫克勒

（Lauren Eskreis-Winkler）以及艾伊蕾・菲許巴赫（Ayelet Fishbach），針對不同的族群進行了實驗，從正在找工作的失業人員，到面對學校生活掙扎不已的孩童，結果一致地顯示了，比起跟專業人士學習，教導他人的行為會讓自己有更多的動力去改變自身的行為。

當我們都還搞不太清楚的時候，我們有權利去教別人嗎？當自己離完美的程度還相差甚遠的時候，我們應該要去向別人說教嗎？研究顯示，當我們承認自己的掙扎和困難的時候，教導別人甚至可以更有效地改變我們未來的行為。就如同愛斯克瑞斯—溫克勒和菲許巴赫在《麻省理工學院史隆管理學院評論》中所評注的一樣，當人們坦白過去所犯的錯，就可以認清自己哪裡做錯，同時也不會對自己產生負面的印象。教學活動反而會對我們進行賦權，讓我們能夠建立一個不一樣的自我認同，就如同幫助別人，也可以預防自己犯下同樣的錯誤一樣。

另外一個增強身分認同的方法是透過儀式，我們再來看看宗教。許多宗教的實踐並不容易，至少對外行人來說。每日向麥加朝拜五次或是每餐之前誦唸固定的禱文，這都需要付出努力才能做到。但是，對於嚴謹的信徒來說，這些只不過是他會按表操課的例行公事罷了，不會失敗，也無需懷疑。要是我們在進行困難的任務時，能夠用上這種奉獻的精神，會如何呢？想像一下這個情景，當你擁有這樣堅定不移的勇氣，用信徒般的紀律，專心去進行任何你想做的事情。

新的研究指出，無論在工作場合或是日常生活中，世俗的儀式都可以有很強大的效果。哈佛商學院的教授法蘭切絲卡·吉諾（Francesca Gino）和她的同事共同主持了一項研究，針對儀式如何影響自制力進行了探討，他們以想要減重的人為研究對象。研究中第一組的人被要求要謹慎選擇他們所吃的東西，為期五天。第二組則是被教導了一項三步驟的餐前儀式：第一，他們必須把食物切好；第二，把食物在盤子內排成對稱的樣子；第三，用餐具輕敲食物三次再吃。有點蠢，沒錯，但是出乎意料地有效，跟「謹慎組」比起來，遵循這個餐前儀式的受試者平均所攝取的卡路里較低，脂肪和糖也較少。

吉諾教授相信儀式「看起來可能是在浪費時間，但是就如同我們的研究提到的，有很強的力量」。她接著說到：「即便這些並非是根深蒂固地存在於多年傳統之中，簡單的儀式依然可以幫助我們建立個人紀律以及自制力。」[1]

「雖然傳統觀念會說，信念形塑了我們的行為，但是顛倒過來，也說得通。」

這些證據凸顯了儀式的重要性，也支持第二部分中所提到的，維持規律的時程表的這個概念。我們愈能夠按照計畫行事，就愈能深化自己的身分認同。我們也可以在生活中採用其他的儀式來提醒我們自己有什麼樣的身分認同，例如，我自己有一個儀式，每天早晨都會複誦一串我長年蒐集來的、簡短的格言，每天工作前都會說上一遍。我會快速地讀過這些關於心無旁騖的格言，例如威廉·詹姆斯（William James）說過一句話：「要成為一個有智慧的人，就要懂得睜一隻眼閉一隻眼。」這個儀式，會加深我的身分認同。

我還會找機會替自己貼上心無旁騖的標籤，舉例來說，當我在家工作時，在開始專心工作的時間之前，我會告訴我的太太和女兒，我現在是心無旁騖的。就如同你在第十八章中學到的，我開啟手機上的「勿擾模式」，讓它自動回覆任何在我專心的這段時間內聯絡我的人；訊息的開頭就是，我現在非常專心，我甚至在T恤上大大地印上了

1 儘管儀式可以幫助人試著建立自制力，卻不是一體適用。如果有飲食失調的狀況，則不建議採用跟食物有關的儀式行為。

「心無旁騖」的字樣，每當我照鏡子或是別人問起的時候，就會加強我的身分認同。

藉由建立身分協定，我們得以建立想要的自我形象，無論這個行為是跟我們吃的東西、對待別人的方式，還是管理分心的方法有關，這個技巧有助於形塑我們的行為，使其可以反映出我們的價值觀。雖然我們常常以為身分認同是固定的，但是自我形象其實是有彈性的，而且不過只是一種心理建設、一個思考的習慣，並且，就像我們所學到的，習慣是可以改變的，可以變得更好。

⁂

現在，心無旁騖模型中的四個部分，你都已經知道了，你已經可以將這些策略付諸實行了。確定你可以畫出這個模型有哪四個部分（具有引力的事物／分心行為；內在誘因／外在誘因），如此一來，你便可以將這個模型分享給其他人，並且下次你發現自己正在跟分心纏鬥時，就可以隨時取用這個模型。

截至目前，我們主要集中在探討可以做些什麼來變得心無旁騖，但我們必須得承認一件事：我們是跟別人一起生活和工作的。在下一個部分中，我們會深入探討職場文化對分心的影響；接下來，我們會學到為什麼孩子們在從事一些消遣活動時，總是會過火，以及從孩子們對於「心理上的養分」的需求中，我們可以學到些什麼；最後，我們會探討，在朋友和所愛的人身邊要怎麼變得心無旁騖，並且也幫助他們得以專注。

本章一點通

- **身分認同會大幅影響我們的行為**。人們傾向於做出符合自我認同的行為。
- **身分協定是一種預先承諾，承諾要建立某個自我形象**。你可以根據你的身分認同來行動，藉此來預防分心。
- **變成一個名詞**。替自己指定一個稱號，這會讓你更有可能去做出符合這個稱號的行動，並繼續堅持下去。說自己是一個「心無旁騖」的人。
- **跟別人分享**。教導他人可以鞏固自己的承諾，即便你也還在努力。要變得心無旁騖，其中一個好方法就是告訴朋友們你在這本書中學到什麼，以及你在生活中所做出的改變。
- **採用儀式**。複誦格言、使用時間箱式的行事曆，或是其他的例行公事，這會增強你的身分認同，並且影響你未來的行動。

第五部

如何讓你的職場變得心無旁騖

第二十六章

分心是失調的徵兆

現代的工作場所經常會讓人分心，假如我們打算去進行一項很大的專案，會需要我們全心全意地投入，但是我們因為老闆的一個要求而分心。我們預定了一小時的時間要專心工作，但又再次被拉去開一場很「緊急」的會議。下班之後，我們可能留了時間，要跟家人和朋友相處，但又再次被叫去開一場深夜的視訊會議。

儘管我們在前面的章節中討論過了各式各樣的方法，包含時間箱、同步行事曆、對工作場所中的外在誘因做出反擊，但是對有些人來說，比起提升自己的技巧，存在著更大的問題。

雖然自己學會去控制分心相當重要，但是當我們的工作反覆且持續地打亂我們的計畫，該怎麼辦？當我們老是分心，要怎麼替自己的事業做出最佳的選擇？更何況是替公司考慮？今日這種隨時待機的工作環境是個無法逃避的新慣例嗎？還是有更好的方法？

對很多人來說，使用各式各樣的科技，看起來像是問題的來源。畢竟電子郵件、智慧型手機和聊天群組這些科技在企業中的應用激增，並且期許員工透過這些工具，無論何時，只要主管想要，就得傳送他們想要的任何資料給他們。但是，針對我們為何會分心這一點，有新的研究揭露了更深層的原因。

就如同我們在第一部分中所學到的，許多分心都源於逃離心理不適感的這個需求，所以是什麼讓現在的員工如此深感不適？愈來愈多的證據指出，某些組織使得他們的員工感到相當痛苦。事實上，二〇〇六年倫敦大學學院的史蒂芬．史坦菲（Stephen Stansfeld）和布莉姬．坎蒂（Bridget Candy）做了一項整合分析，並且發現，有一種特定的工作環境的確有可能會造成重度憂鬱症。

在史坦菲和坎蒂的研究中，針對幾項他們認為可能是造成工作場所憂鬱症的因素進行調查，包括了組員之間合作的方式、社會支持的程度以及工作安全。儘管這些因素都是茶水間和休息時間的常見話題，但是他們也證實這幾項的確都跟心理健康沒有太大的連帶關係。

但是他們的確找到了兩個特定的條件，會提高在職場上得到憂鬱症的可能性。「你做了些什麼不是重點，重點是你身處的工作環境。」史坦菲這樣告訴我。

第一個條件是研究人員所謂的高度「工作壓力」，當在一個職場中，員工被要求要達到一個很高的標準卻缺乏真正控制結果的能力時，就會產生高度的工作壓力。史坦菲還補充了一點：這種壓力在白領階級和藍領階級之中都會發生，他認為這種感覺就很像在工廠的生產線上工作，卻沒有調整生產步調的方法，就算是事情出錯的時候也是一樣。坐辦公室的人可能會因為電子郵件或是工作不斷湧入而感到工作的壓力，就像是情境喜劇《我愛露西》中，有一集露西．鮑爾（Lucille Ball）在巧克力工廠裡工作，輸送帶上待包裝的巧克力不停地逼近那樣。

第二個跟造成職場中的憂鬱症有關係的因素是工作環境中「付出—回饋失衡」，在這種狀況下，員工感受不到他們努力工作的回報，這個回報可能是加薪或是受到認可。而根據史坦菲的研究，造成工作壓力和付出—回饋失衡的核心因素，都是缺乏控制力。

美國心理健康組織指出，憂鬱所造成的缺工每年都要讓美國經濟耗費超過五百一十億美元，但是還有超過百萬的美國人依然在工作中感受到極大的痛苦，卻沒受到醫療診斷，所帶來的潛在損失之大，前面那個數字甚至連邊都沒搆上。再者，這個數字也並未計入那些不健康的工作環境所導致的輕微類憂鬱症狀會造成的後果，像是分心。因為我們轉而向各式裝置求助，好讓自己從不適感中逃離，所以當我們感到失控時，經常會把手伸向科技產品好讓自己感覺好一些。查看電子郵件或是在聊天的討論串中附和個幾句，會讓我們有一種有生產力的感覺，不管我們的行動是不是真的對事情有所幫助。

「科技不是導致職場上分心的根本原因，問題還要更深層得多。」

從顧問變成哈佛商學院教授的萊絲莉·佩羅（Leslie Perlow）主持了一項為期四年的研究，她將這項研究記錄在她的書《與智慧型手機共枕》（*Sleeping with Your Smartphone*）裡面，在這本書中，她提到了一家首屈一指的策略顧問公司：波士頓顧問公司（ＢＣＧ），她寫到了在這裡工作的幾位主管，他們讓這種跟心理疾病有關的、高標準低控制的企業文化繼續傳承下去。

舉例來說，佩羅描述了由公司其中兩位合夥人所共同帶領的一個專案，他們兩個有著完全相反的工作風格，一位是早起的鳥兒，另一位是晚睡的貓頭鷹，並且，彷彿是一對正在準備離婚的父母，而且是很糟糕的、彼此避不見面那種，他們兩個很少會同時出現，總是透過團隊來溝通。團隊裡的一個顧問回憶起這個專案：

> 較資淺的那位合夥人不停地叫我們將計畫延伸並且補充很多東西，最後在週會的時候，我們就有厚厚的一疊多達四十到六十頁的投影片，而資深合夥人就會很想知道我們為什麼都處在危險地帶（每週工作超過六十五個小時）……其中一個合夥人作息比較晚，所以會在晚上十一點的時候告知我們變更項目；另外一個則很早起，早上六點就會寄信來……而我們兩邊都要顧。

這個小故事可能是個特殊的情況，但是它所突顯的問題卻並非如此。員工們盡其義務並試著讓主管感到滿意，這之中，員工們經常都覺得自己無法改變事情運作的方式，就像佩羅訪談到的一位專員所表示的：「比起『不』，合夥人更喜歡聽到你說『好』，而我則是試圖讓他們滿意。」

如果主管寄了一封電子郵件，即便寄信的時間點一般來說是大家在跟家人相處或是在睡覺，這封信也會被讀取並且回覆；如果主管想要開個會，討論他們認為需要討論的事情，儘管其他事情迫在眉睫，團隊也會放下所有事情來參與會議；如果主管覺得團隊要加班（無視於員工已經做好的個人安排），那麼，你可以猜到會發生什麼事了吧。

在這個腐敗的企業文化裡再加上科技，會讓事情變得更糟。佩羅形容了在她所謂的「應答循環」裡面，員工所感受到的，隨時處於待命狀態的壓力是如何與日俱增。她寫道：「隨時待命的壓力通常是由一些看似很正當的理由中衍生出來的，像是客戶或是客人或是團隊成員的要求，而他們在其他的時區。」因此，員工「開始要自我調適來適應這些要求——改變所使用的科技產品，調整每天的行事曆、工作的方式，甚至是生活的方式以及跟家人朋友互動的方式——好回應這項要求，要他們拿出更多時間。」

工作上的便利性增加，卻也要付出很高的代價，在孩子的足球比賽中回信會讓你的同事養成習慣，產生預期心理，認為即便是在先前無法聯繫到你的時段，也能得到立即

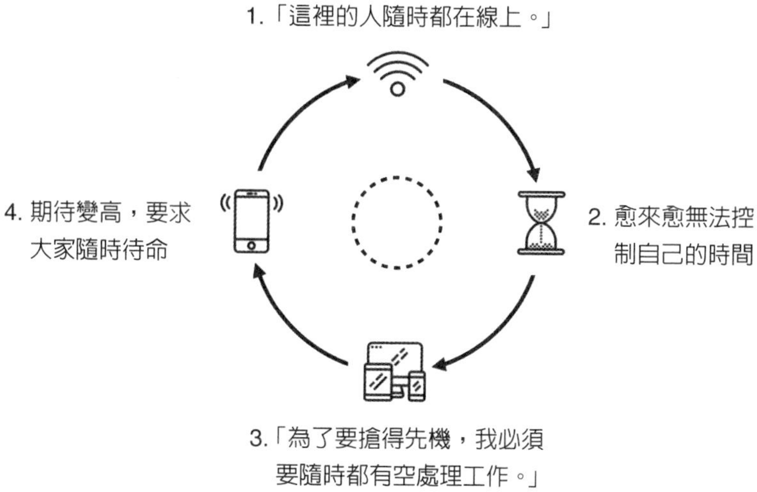
1.「這裡的人隨時都在線上。」
2. 愈來愈無法控制自己的時間
3.「為了要搶得先機，我必須要隨時都有空處理工作。」
4. 期待變高，要求大家隨時待命

雖然科技讓這個惡性的「應答循環」不斷延續下去，但是造成這個循環的原因在於失調的文化。（資料來源：靈感來自於萊絲莉 · 佩羅的著作《與智慧型手機共枕》）

的回覆；因此，公司所提出的要求就把那些原本屬於個人和家庭的時間變成了工作的時間。

當收件匣的信件滿溢，並且Slack上訊息不斷地湧入，愈多的要求就意謂回覆的壓力也愈大。很快地，這種隨時待命、立刻回覆的文化就變成辦公室常態——在BCG就是這樣。

應答循環是由一連串事情的後果所導致的，像是手機或是Slack這些科技產品可能會讓循環延續下去，但是科技本身不是問題的源頭，而過度使用只不過是個症狀。

「失調的職場文化才是真的罪魁禍首。」

當佩羅一認知到問題的源頭在哪，她就開始協助這家公司去改變有毒的文化。在這個過程中她指出，如果一家公司無法去處理過度使用科技這種問題，那麼很可能下面還藏著各式各樣更深層的問題。在這個部分接下來的幾個章節裡面，我會由佩羅究竟做了什麼來幫助BCG加以延伸，說明你可以如何改變你自己職場中讓人分心的文化。

本章一點通

- 一份工作，如果讓員工在職場上遇到高要求低控制的狀況，已被證實會導致憂鬱症的症狀。
- 類憂鬱的症狀讓人很痛苦，當人們心情不好的時後，他們用分心的方式來避免痛苦並且重新取得某種擁有控制權的感覺。
- 工作上過度使用科技是公司文化失調的一種症狀。
- 科技產品用得愈多，就讓底層的問題更嚴重，也是在讓「應答循環」一直延續下去。

第二十七章

修正分心行爲，這是對企業文化的一種測試

當萊絲莉．佩羅開始在波士頓顧問公司進行研究時，她對這家公司晝夜不分的名聲已經有所耳聞，在她去訪談BCG的職員的時候，很快就發現了是什麼讓這家公司一直留不住人。[1]對自己的時間表缺乏控制權，以及認為他們會一直保持在線上的預期心理，是大家離開這間公司的主要原因。

要對付這個問題，佩羅想到了一個簡單的提案：如果在BCG工作的每個人都很討厭這種隨時待命的生活方式，何不試著讓顧問們至少「每週可擁有一晚上是確定可以休息的」？這會讓大家有時間可以遠離電話以及新進郵件的通知，並且讓大家可以有自己的安排，不用擔心被拉回到工作裡。

佩羅把她的想法告訴喬治．馬丁（George Martin），他是波士頓辦公室的經營合夥人，他馬上叫她不要對「他的」小組指手畫腳。但是，或許是企圖要打發這個好奇心旺盛的研究人員，他允許她「在辦公室裡晃來晃去」，並且找找看有沒有「其他可能有意願的合夥人」。佩羅最後找到一位年輕的合夥人，他叫作道格，家裡有兩個年幼的孩子，第三個也即將出生。道格正在奮力地想要取得工作和生活的平衡，他同意讓他帶領的小組成為佩羅實驗裡的白老鼠。從道格和他管理的人開始，佩羅向他們提出了這項挑戰，並且著手進行研究，看看小組會怎麼做，好找到方法讓大家可以拔掉工作的插頭。

首先，佩羅先確認了一件事，擁有一個不用工作的夜晚是組內所有人都渴望達成的目標，在聽到齊聲宏亮的「是！」之後，她就讓這個小組自行去釐清，他們的工作天要怎麼規劃，才能達成這個目標。組員們定期開會，討論有哪些障礙阻撓了他們去達成這個目標，擁有一個不用工作的夜晚，然後想出他們需要實行哪些新的措施，來實現這個

1 我大學畢業後第一份工作就是在BCG，這比佩羅到這家公司還要早好幾年，我在這家公司並沒有待很久。

目標。

多年來，BCG的顧問們聽過無數個理由，告訴他們為什麼必須不分晝夜地待命：「我們是服務業」、「我們的工作是跨時區的」以及「要是客戶找我們怎麼辦？」這些很常見的回答，斬斷了想要找出更好的工作方式的這個企圖。但是，他們一旦獲得機會，可以公開討論這個問題，道格的小組就發現有很多簡單方法可以解決。

如果大家擁有一個空間可以安全地談論這個問題，不用擔心因為自己想要把手機和電腦關機幾個小時，而被貼上「懶惰」的標籤，這樣一來，一項常見的職場困境就迎刃而解了，原本這種困境常常會被認為是「理所應當的」，因而就此駁回，不再理會了。

讓佩羅大吃一驚的是，這些會議的效益比她所預期的還要更大，並觸及到了遠比讓大家關機更深入的問題。這些會議的目的是要一段大家確定可以不用工作的時間，也「讓大家可以公開談論」，而這，用佩羅的話來說：「非常重要。」

組員發現自己開始對公司裡的其他常規產生質疑，讓他們有地方可以提問：「為什麼要這樣？」因此也就給了他們一個論壇，可以產生新的想法。「百無禁忌，」一位顧問說：「你什麼都可以說。」小組內的資深成員「不是每次都同意，但是你可以提出任何問題」。

「從針對關機的討論開始，這個討論變成了一個公開對話的論壇。」

這個討論同時也讓主管們找到了一個時間和場所，可以向大家解釋他們較遠的目標和策略——這些話題先前只要一忙，就會被晾在一邊。隨著清楚地了解到自己的工作是為了怎麼樣更遠大的願景做出貢獻，組員們也感到更有力量，並且感覺自己能夠對專案的結果產生影響。當想法流動的時候，會議自然而然地變成一個機會，可以讚美組員們的付出、提出需要關切的部分，並且說出之前在別的地方無法處理的問題。

接受佩羅的挑戰讓「應答循環」停了下來，不再把他們的問題怪罪到科技上面，這個小組去思考過度使用科技產品背後的理由。這種有毒性的、隨時待命的文化，不再被接受成為必然的現象，而是被視為另一項挑戰，只要大家獲得允許，可以公開處理這個問題，就可以克服這個挑戰。

從一個挑戰開始，找出讓組員每週擁有一個離線的夜晚，深切地改變了ＢＣＧ的文化。曾經是有著較高的憂鬱症致病率的職場環境，就像在史坦菲和坎蒂的研究中所描述的那樣，ＢＣＧ開始了一項整個公司的大轉型。

今天，公司裡面的各組（包含喬治．馬丁的波士頓辦公室）都採用了這個方法，舉行例會，好確保大家都有離線休息的時間。更重要的是，提供了一個安全的場合，可以公開討論各種議題，這提升了員工對事情有所掌握的感覺，結果意外地變成了改善工作滿意度以及流動率的方法。當組員們獲得成長所需的養分，他們找到方法去處理那些真正的問題，這些問題一度拖著他們的後腿，也拖著公司的後腿。

「企業一直把不良的文化這個疾病，與像是過度使用科技產品和員工的高流動率等症狀混為一談。」

佩羅在ＢＣＧ發現的問題像傳染病一樣散布在各個產業、各種規模的組織裡。Google最近開始去了解讓員工留在職位上的原因以及小組產出的品質，身為檢索引擎的龍頭，宣布了這個為期兩年的研究結果，好一勞永逸地去解釋並回答這個問題：

「Google 的團隊擁有高效率的原因是什麼？」

準備著手進行研究的那個小組，對於自己接下來會找到的結果相當有信心：「當團隊是由厲害的人組成的時候，會是最有效率的。」就像計畫中的一位研究員茱莉雅．羅佐夫斯基（Julia Rozovsky）所寫的：

> 找來一個羅德島獎學金得主，兩個個性外向活潑、其中一個在 Angular JS 大放異彩的工程師，再來一個博士，喏！夢幻團隊集結完成了，對吧？我們錯得離譜，比起團隊裡有誰，更重要的是團隊成員們互動的方式、組織工作的方式，以及看待貢獻的方式。

研究人員找到了讓成功的團隊與眾不同的五項關鍵動力，前四項是可靠程度、組織架構與清晰程度、工作意義和工作影響力。但是，第五項動力顯然最重要，並且是支撐前四項的基礎。第五項動力叫作心理安全感。羅佐夫斯基解釋道：

團隊裡的個體如果都有很高的心理安全感，離開Google的可能性就較低，他們能夠駕馭組員所提出的各種不同的點子的可能性也就愈高、帶來的營收也更高，而根據公司高層的評價，他們的效率是其他人的兩倍。

「心理安全」這個詞是由艾米．埃德蒙遜（Amy Edmondson）所創造的新詞，她是哈佛一位組織行為學的科學家，她在TEDx的演講中，將心理安全定義為：「一種信念，相信自己不會因為說出自己的想法、問題、憂慮或是錯誤，而被羞辱或是被處罰。」勇於發言聽起來很容易，但是如果你缺乏心理安全感的話，你就會把你的擔憂和想法都放在心裡。

羅佐夫斯基繼續說道：

> 結果是，當特定的行為可能會對別人看待我們的方式產生負面的影響，包括他們如何看待我們的競爭力、意識和態度積極與否，如此一來，我們就會很不樂意參與這些行為。儘管這種自我保護在職場是個非常自然的策略，對於有效率的團隊合

作卻是有損害性的；反過來說，團隊成員對於彼此感到愈有安全感，他們就愈可能向夥伴承認錯誤以及承擔新的角色。

史坦菲和坎蒂在研究中所發現的，可能會導致憂鬱症的職場文化，其解毒劑就是心理安全感。BCG的各組開始舉行例會，並著手處理他們所面對的挑戰：讓員工有可以預期的休息時間，他們所找到的也是這項魔法材料。

「要知道你的聲音很重要，而且你也不是困在一台沒有感情、沒有變化的機器裡，這對心理的安定和滿足感有正面的影響。」

一個團隊——或是一間公司，要如何創造出心理安全感？埃德蒙遜在演講中提供了一個答案，總共有三個步驟：

- **步驟一**：「把工作視為一種學習上的問題，而不是執行上的問題。」因為未來是不確定的，強調「我們需要每個人的大腦和意見！」

- **步驟二**：「承認自己會犯錯。」主管要讓大家知道，沒有人知道所有問題的答案——我們是一體的。
- **步驟三**：最後，領導者必須要「崇尚好奇心，大量地提問」。

埃德蒙遜堅持認為一個組織中——尤其是那種具有高度不確定性並且仰賴成員之間的相互依賴性的組織——需要高度的動力和心理安全感，這個狀態她稱為「學習地帶」。只有維持在學習地帶裡面，團隊才可以發揮最好的表現；也只有在這裡，才能讓他們不用害怕被攻擊或是開除，可以說出自己擔憂的事情；在這裡他們可以解決像是過度使用科技和分心這些問題，而不必被批評為不願意分擔責任；也可以享受到良好的公司文化，不再因為感到失去控制，而使內在誘因引發牢騷和抱怨。

唯有當企業給予員工一個地方讓他們在心理上感到安全，可以表達自己的顧慮並一起解決問題，才能把他們所面對的、最大的幾個困難點給解決。創造一個環境，讓員工可以盡全力表現，不會分心，這是對於組織文化的品質的一項測試。下一章，我們會從那些高分過關的公司中取經學習。

本章一點通

- **不要默默地受苦**。如果一個職場當中，大家無法談論科技過度使用的問題，同時也會是大家把重要議題（或是見解）隱忍不說的職場。
- **要知道，你的意見是重要的，這點很重要**。能夠建立心理安全感並且定期討論各自擔心的事，這種團隊不只是分心的問題較少，員工和客戶也會更快樂。

第二十八章

心無旁騖的職場

如果要說有一項科技產品，能夠體現這種充斥在很多公司中，隨時待命的不合理要求的工作文化，那就是 Slack。這款聊天群組通訊 app 讓使用者覺得自己被裝置綁住了，而這麼做的代價經常是，無法好好執行更重要的任務。

每天有超過千萬的人會登入 Slack，這個平台的員工當然也用 Slack——他們用得可多了，而如果分心是科技造成的，那麼他們的下場無疑是深受其害。但令人驚訝的是，根據媒體報導，以及跟我交談過的 Slack 員工，這家公司並沒有這個問題。

如果你去舊金山的 Slack 總部走走，你在走廊的牆上會發現一個古怪的標語，亮粉紅的底色上，白色的字母大聲嘶吼著：「認真工作，下班回家。」在一家位於矽谷的公司裡，甚至就是這家公司製作出讓大家就算回家也無法下班的工具，你可不會預料到牆上會看到這樣的標語。

但是，在 Slack，大家知道何時該登出。一篇二〇一五年《Inc.》雜誌上的文章，將 Slack 選為年度公司；根據這篇文章，這個標語可不只是說說而已。下午六點半一到，「Slack 的辦公室差不多都淨空了。」並且，根據這篇文章：「這是（Slack 的執行長）巴特菲（Butterfield）所想要的」。

Slack 的員工到家以後，當然會再次登入，對吧？錯了，事實上，他們並不鼓勵員工離開公司後使用 Slack。根據 Slack 的前開發商關係主任阿米爾．謝瓦特（Amir Shevat）表示，在那裡，大家所理解到的常態是，要知道什麼時候該離線。「在下班時間以及週末私訊別人，是不禮貌的行為，」他補充道。

「Slack 的公司文化，是職場環境的一個好例子，它並未屈服於那種瘋狂的應答循環，這個循環已經感染了許多組織。」

要促使大家專心，Slack的文化比它的標語更深植人心。Slack的管理階層以身作則，鼓勵員工離線。在OpenView Labs的採訪中，當時身兼Slack的營收總監以及行銷總監的比爾．馬卡提斯（Bill Macaitis）表示：「你需要有不受干擾的工作時間……這就是為什麼，無論是Slack還是電子郵件，我都會特意安排出時間來查看，接著再繼續不中斷地工作。」像馬卡提斯這麼資深的人，會把工作不受干擾視為優先的事，甚至還安排時間來看電子郵件和Slack的訊息，這對我們來說意義深遠，他也是我們在第二部分中講到的「騰出時間給有引力的事物」這項原則的典範。

謝瓦特也對馬卡提斯的感覺有所共鳴。在Slack，他說：「離線，是沒關係的。」他對於在開實體會議時，全神貫注在同事身上這件事情，態度近乎虔誠。「當我把時間給予某個人，我就是百分之百地專心，並且從來不在會議中打開手機，這對我而言超級重要。」他採取實際的行動，移除了現代會議中典型的震動聲和鈴聲，把我們第三部分中所討論的「反擊外在誘因」的這個概念付諸實行。

謝瓦特也揭露了Slack員工是如何運用預先承諾的協定——也就是第四部分中討論過的內容——來讓自己在工作時間以外保持離線。Slack有個內建的「請勿打擾」功能，用戶可以在任何想要專注於他們真正想做的事情時打開，像是從事需要專注力的工作或是跟家人朋友在一起。謝瓦特告訴我，如果有員工在不該傳訊息的時候傳了訊息：「就會被『請勿打擾』的功能擋住，如果是下班時間，則會自動啟動，所以在下次上班之前，你都無法收到訊息。」

更重要的是，Slack 的文化保障員工有地方討論他們擔心的事情。像是萊絲莉．佩羅在 BCG 所發現的一樣，定期開會非常重要，這讓員工可以表達自己的顧慮。如果企業能夠騰出時間讓員工討論他們所遇到的問題，那麼這些公司通常都比較可能建立心理安全感，同時也能聽到對員工來說，迫在眉睫的問題有哪些；倘若沒有這個機會，員工可能會把這些事情放在心裡，悶聲不吭。

就像我們在第一部分中學到的，分心的處理始於理解自己的內在發生了什麼事，如果內在誘因正在哭喊著，尋求解放，員工無論如何會找到方法來處理——無論這些方法健不健康。確保員工有個論壇可以向公司的領導階層說出問題，這讓 Slack 的團隊成員得以解除心理壓力，亦即史坦菲和坎蒂在有毒的工作環境中所找到的那種。

但是像 Slack 這麼大的一間公司，要怎麼確保每個人都有被聽到的空間呢？在這個時候，他們自家的產品就會派上用場了，使用聊天群組通訊軟體這項工具讓他們可以進行定期的討論，並且能夠快速地達成共識，這一點對於建立心理安全感而言是不可或缺的。他們怎麼辦到的？儘管很難想像，但是謝瓦特說，這是表情符號的功勞。

在 Slack，每一個主題都有一個專屬的頻道，他說：「我們有一個頻道是為了想要共進午餐的人而設的，有一個頻道用來分享寵物照片，甚至還有一個星際大戰的頻道。」這些各自分開的頻道不只讓大家省下了那種離題的閒談，那種對話會塞住電子郵件信箱，並且讓實體會議變得難以忍受——這些頻道還給大家一個安全的管道可以發送意見和回饋。

在眾多的 Slack 頻道中，公司領導階層最重視的就是跟意見回饋有關的頻道。這些不僅僅是讓大家針對最新發布的產品表達意見而已，也讓大家針對公司該如何改進分享意見。有一個專門的頻道叫作 #slack-culture，另一個叫作 #exec-ama，在這些頻道上，公司高層邀請員工「任何事都可以問我」（ask me anything）。謝瓦特說道：「大家會在這裡貼出各種建議，而且這麼做是受到鼓勵的。」甚至還有個特別的頻道，讓你可以發表對於公司自家產品的「怨言」，這個頻道叫作 #beef-tweets。「有時候這些評論可能會非常尖酸，」謝瓦特說道，但重要的是，大家說出來也被聽到了。

這時候，就輪到表情符號上場來救援了。「管理階層用兩隻眼睛的表情符號來讓大家知道他們已經讀到這些意見了。有的時候，如果一件事情已經被處理或修正了，會有人用一個打勾勾的符號回覆，」謝瓦特解釋道。Slack 找到一個方法來讓它的員工知道，他們說的話都被聽到了，並且也有人對其採取了行動。

當然，並不是每家公司裡的每個對話都要在聊天群組裡面進行，Slack 也會定期舉辦公司大會，讓全體員工都可以直接向資深管理階級提問。無論是怎麼樣的形式，讓員工有一個回饋的管道，並讓他們知道，自己的意見被有能力幫忙的人聽到了，這會讓員工知道自己是有聲量的。無論員工的意見是在小組會議中被聽到，像是佩羅在 BCG 所推行的那樣，或是透過聊天群組，在 Slack 的頻道上被聽見，這都不是重點，重要的是有個宣洩的出口，而且管理階層會去在乎、使用，並且給予回覆。這對公司的健全和員工的安康都非常重要。

把特定的幾家公司視為典範時，會有風險。吉姆．柯林斯（Jim Collins）的兩本暢銷書《從A到A+》以及《基業長青》，裡面包含了幾家公司的檔案，結果有些公司最後沒有撐很久，有些最終其實沒那麼好。

當然，在 Slack 和 BCG 工作並非完美無缺，有些跟我談過的員工，他們在高壓強硬的管理下，經驗並不好。一位前 Slack 員工談到 Slack 時說道：「他們的確是想要變成一個讓人有心理安全感的公司，但並不是每個人都具備了相應的技巧，可以掌握其中的細微之處。」要打造這種公司，讓大家可以舒服地提出自己擔心的事項，不必擔心被開除，這需要努力也需要警覺性。

目前，BCG 和 Slack 的策略看起來是成功的，兩個組織都很受員工以及客戶所愛戴。在網站 Glassdoor.com 上面，過去九年中，BCG 八次被評為前十大「最佳職場」，而 Slack 則獲得了滿分五顆星中四．八顆星的匿名平均評價，百分之九十五的員工都表示他們會把公司推薦給朋友，並且百分之九十九的員工都對執行長表示認同。

值得注意的是，不管未來的利潤率或是股東的收益如何，這些公司，在我寫作的這個當下，都給予員工心無旁騖的自由，藉此也體現了幫助員工成長的關懷和承諾。

本章一點通

- 心無旁騖的組織，像是 Slack 和 BCG，都會強化心理安全感，提供一個場合，可以公開討論各自擔心的事情，並且最重要的是，領導者自己以身作則，示範了專心工作的重要性。

第六部

要如何培養出心無旁騖的孩子

（以及為什麼我們都需要心理上的養分）

第二十九章

避免使用方便的藉口

智慧型手機這類的潛在分心源可能對我們的孩子造成什麼影響，在社會上這種擔心已經達到了沸點，一篇篇文章的標題寫著：「智慧型手機是否摧毀了一個世代？」以及「研究顯示，青少年憂鬱症以及自殺與智慧型手機的使用有關」。諷刺的是，這些文章正是透過網路，到處瘋傳。

第一篇文章的作者，同時也是心理學家的珍．圖溫吉（Jean Twenge）寫道：「說i世代已經站在懸崖的邊緣，數十年來最嚴重的心理健康危機即將爆發，一點也不誇張，這些問題的惡化，很多都可以追溯到他們的手機上。」

有些家長被這些語帶不祥的標題給說服，也受夠了自己的孩子老是因為科技產品而分心，他們訴諸了極端的方法。在 YouTube 上一搜，就可以發現上千支影片都是家長們闖進小孩的房間，拔掉他們的電腦或是遊戲機插頭、把各種設備徹底砸爛，只是為了給他們的孩子一個教訓。至少，他們是這麼希望的。

我完全可以理解家長們的挫折感，我女兒最先學會說的幾個詞裡頭就包括「iPad 時間，iPad 時間！」如果我們不快點投降，她就會愈來愈大聲，直到我們給她為止，這讓我們的血壓升高，同時也在測試我們的耐心底線。幾年過去了，我的女兒跟螢幕之間的關係也有所變化了，卻不總是往好的方向。她被螢幕所吸引，花費過多的時間在玩一些愚蠢又無關緊要的 app，不然就是看影片。

她現在長大一些了，與此同時，在數位時代扶養小孩會有的新問題也隨之湧現。不止一次，我們跟朋友約好，跟他們以及他們的孩子共進晚餐，結果發現自己身處一個尷尬的飯局，孩子們並不跟彼此交流，而是整晚都在手機上點、點、點個不停。

雖然摧毀孩子的數位裝置非常具有吸引力，但是卻沒有幫助，而家長們被這種警告性的文章標題和故事所包圍，也就不難理解為什麼這麼多家長認為科技是現在小孩問題的來源，但事實真的是這樣嗎？就像我們在職場和生活中所看到的那樣，同樣地，有一個根本的原因，造成孩子們的分心行為，但是這被隱藏起來了。

⁂

我的太太和我需要幫我們的女兒跟科技產品，以及其他潛在的分心源建立一個健康的關係，但是首先我們得要找出導致她這種行為的原因。就如同我們在這本書中反覆提到的一樣，面對複雜問題所提出的簡易答案通常是錯的。並且把父母不樂見的行為歸咎於其他東西，我們自己則不需要負責，這麼做實在是太過簡單了。

舉例來說，每位家長「顯然」都知道，孩子們吃糖之後會變得過分好動。我們都聽過家長們宣稱，孩子們在生日派對上的頑劣舉動，背後就是這種「高糖效應」（sugar high），注定會樂極生悲。我得承認我自己也不只一次地用了這個藉口，直到我知道了「高糖效應」的概念在科學上完全就只是胡說八道。有一項相當詳盡，並且囊括了十六項研究的整合分析「發現糖分並不會影響兒童的行為或是認知學習表現」。

很有趣地，雖然所謂的高糖效應對孩子來說是個迷思，但在家長身上卻有著真正的效果。一項研究發現，當媽媽們得知有人給了自己的兒子糖果之後，就會認為自己的孩子更為興奮好動——儘管小孩拿到的是安慰劑。事實上，媽媽跟兒子們互動的影片中可以看出，當她們相信孩子們因為糖而處於「興奮」狀態時，盯著孩子並且批評他們的可能性更高——再次重申，儘管兒子什麼也沒吃。

在這個讓家長可以推卸責任的工具包裡還有另外一個經典的藉口，就是青少年的本性就是叛逆，這是「常識」。每個人都知道青少年對他們的父母很糟，這是因為他們旺盛的賀爾蒙和尚未發育完全的大腦，使得他們表現成那個樣子。錯！

研究發現，許多社會中的青少年，特別是在工業化之前的社會中，並不會表現得特別叛逆，相反地，「大部分的時間都跟成人在一起。」在〈青少年大腦的迷思〉這篇文章中，羅伯．艾普斯坦（Robert Epstein）寫道：「許多歷史學家都注意到，在有紀錄的人類歷史當中，青少年時期是個成長過程中相對平靜的時期。」顯然，我們的青少年的大腦都好得很——是我們自己的大腦未發育完全。

新發明和新科技也是最常被怪罪的目標之一。一四七四年，威尼斯的一位僧侶暨抄寫員菲力普．迪．史踏達（Filippo di Strata）曾經發表了一篇言詞激烈的文章，反對另一項用來記錄訊息的、手持的新裝置，他說道：「印刷機（是）個婊子。」一八八三年一份醫學期刊把自殺率和凶殺案的提高歸因於新式的「教育狂熱」，並宣布「瘋狂正在隨著……教育滋長」，而且教育會「榨乾孩子們的大腦以及神經系統」。一九三六年，根據音樂雜誌《留聲機》的報導，孩子們被如此描述：「養成了分散注意力的習慣，一邊是準備學校單調乏味的功課，另一邊則是（廣播）收音機讓人欲罷不能的興奮感。」。

看起來很難相信，這些良善的發明竟然會如此嚇人，但是隨著科技上的躍進，道德上的恐慌也常接踵而至。「每個後進的年代，都會強烈地相信青年行為上有著空前絕後的『危機』正在發生，」牛津的歷史學家艾比蓋兒．威爾斯（Abigail Wills）在替 BBC 的線上歷史雜誌所撰寫的一篇文章中寫道：「我們並不獨特；我們的恐懼跟我們的祖先並沒有顯著的差異。」

說到現在孩子們的不良行為，怪罪裝置這個方便的迷思，與家長們把問題推到「高糖效應」上、推給青少年尚未發展完全的大腦上和其他科技發展的產品上，像是書籍和廣播，並無二致。

> 「許多專家認為，比起那些危言聳聽的人所透露的消息，關於科技是否有害的這項討論，其實相當微妙。」

為了反駁「孩子們已經站在幾十年來最嚴重的心理健康危機的邊緣」這個論調，莎拉．蘿絲．卡瓦納（Sarah Rose Cavanagh）在《今日心理學》中寫道：「作者選來發表的數據是經過挑選的，我這麼說的意思是，她只選擇了那些支持她想法的研究，而忽略了其他顯示使用螢幕與憂鬱症和孤獨感『無關』的研究。」

有許多研究並未如此刻意去選擇數據，其中一項是由克里斯多福．費格遜（Christopher Ferguson）主持的研究，發表在《精神病學季刊》上，研究發現，觀看螢幕的時間長短跟憂鬱症的關係其實微不足道。費格遜在《每日科學》的一篇文章中寫道：「當我跟家長們討論關於螢幕的使用時間，雖然給他們『一切都要節制』這樣的訊息應該是最有成效的，但是，我們的研究結果並未支持把焦點放在螢幕使用的時間上，能預防青少年行為問題。」就像大部分的狀況一樣，魔鬼藏在數位的細節裡。

更進一步去檢視提出螢幕的使用跟憂鬱症相關的研究後會發現，這樣子的關聯只存在花費極大量的時間在線上的時候才會發生。每天花費超過五小時的時間上網的青春期女性，憂鬱傾向和自殺性念頭比較強，但是常理會促使我們提出這個問題：有這樣的癖好，花費大量時間上網的孩子，可能在生活中也有其他的問題。或許一天花五個小時在任何一種媒體上，都是某個更嚴重問題的症狀表現。

事實上，同樣的研究發現，每天花費兩小時或以下的時間上網的孩子，憂鬱症和焦慮症的比率並未比控制組來得高。牛津網路學院的安德魯．普爾茲別斯基（Andrew Przybylski）主持了一項研究，發現適量地使用螢幕，會「促進」心理的健全。「即便是在比較極端的使用程度上，我們所談論的也只是非常小的衝擊，」普爾茲別斯基表示：「大概是不吃早餐，或是未獲得八小時睡眠，所帶來的影響的三分之一左右的程度。」

當孩子們表現得並不可取時，家長們著急地問道：「我的孩子為什麼會這樣？」這時，代罪羔羊讓人更為確信；我們經常會死守簡易的答案，因為我們很想要相信這故事——也就是說，孩子們舉止異常的原因在於一些我們無法控制的事情，亦即這些行為並非真的是他們的（或是我們的）錯。

當然，科技在其中扮演著要角，智慧型手機上的 app 和遊戲目的就是要讓人欲罷不能，如同糖果本來就很可口一樣；但是像把孩子們的行為怪罪在「高糖效應」上的父母一樣，怪罪裝置也只是個深度問題的表層答案。簡易的答案意謂我們可以逃避，不去看背後那個黑暗且複雜的真相，不去看孩子們出現這些行為背後真正的原因。只是我們如果不看清楚問題，並且受媒體炒作的迷思所影響，就無法理解根本的原因並修正問題。

「要幫助孩子管理分心，不需要認定這些科技是邪惡的。」

無論他們要追求怎麼樣的人生道路，或是分心是以什麼形式出現，學會變得心無旁騖這一項技巧對我們的孩子都會大有幫助。如果我們要協助孩子對他們的選擇負起責任，我們必須要停止替他們——以及替我們找那些方便的藉口。這個部分，我們將會去理解背後有哪些更深層的心理因素，驅使我們的孩子過度使用他們的裝置，並且學著用聰明的方式來協助他們克服分心。

本章一點通

- **別再怪東怪西**。當孩子們並未依據父母所期待的方式表現，去尋找那些讓父母可以轉嫁責任的答案是很自然的。
- **科技恐慌並不新鮮**。從書本到廣播，再到電玩遊戲，養育子女的歷史上，布滿了道德恐慌，擔心這些東西很可能會導致孩子們的反常行為。
- **科技並不邪惡**。正確地使用，並且適量的話，孩子使用科技產品可能是有益的，而過度（或是過少）都可能會造成輕微的負面影響。
- **教導孩子怎麼變得心無旁騖**。教導孩子們管理分心的方法，會讓他們往後的人生都從中受益。

第三十章
理解他們的內在誘因

理查．萊恩和他的同事艾德華．德齊是在研究行為驅力方面最常被引用的學者之二，他們的「自我決定論」被普遍認為是心理健全的重要支柱，並且自一九七〇年代他們開始進行研究以來，有無數的研究都支持他們的結論。

就像人類的身體需要三種主要營養素（蛋白質、碳水化合物和脂肪）才能正常地運作，萊恩和德齊提出了一種說法，人類的心靈也需要三樣東西才能好好成長：自主權、勝任感以及歸屬感。當身體挨餓，就會引發飢餓感，而當心靈營養不良的時候，會產生焦慮、不安以及其他症狀，感覺少了點什麼。

當孩子們沒有獲得所需的心理營養素時，自我決定論說明為什麼他們可能會過分地去做不健康的行為，像是花太多時間待在螢幕前。萊恩相信原因跟裝置並沒有太大的關係，比較有關的是，為什麼有些孩子本來就比較容易分心。

> 「缺乏足夠的自主權、勝任感以及歸屬感，孩子就會用分心來獲得心靈上的養分。」

第一課：孩子需要自主權——可以控管自己選擇的自由以及決定權

加州大學聖塔克魯茲分校的兩位教授瑪莉瑟拉・可萊雅—夏維茲（Maricela Correa-Chávez）以及芭芭拉・羅戈夫（Barbara Rogoff）主持了一項實驗，把兩個孩子帶到房間內，有一個成人會教導其中一個孩子怎麼組一個玩具，而另一個則是在旁邊等待。這個實驗的目的是要觀測那個沒有參與的孩子，也就是那個旁觀者，在等待的時候會做什麼。在美國，作為旁觀者的孩子，所做出的事大部分都是料想之中：在位子上扭來扭去、瞪著地板、大部分都展現出漠不關心的樣子。有個沒耐心的男孩子，甚至假裝某個玩具是一顆炸彈，並且用手在半空中模仿爆炸，重現戰爭中殘暴的場景，並製造了很大聲的、具干擾性的噪音。相反地，學者們發現來自瓜地馬拉的馬雅族小孩，當大人在教另一個小孩的時候，會乖乖地坐在椅子上，專注地看對方在學習什麼事。

整體來說，研究發現比起馬雅族的小孩，美國的小孩能夠保持專注的時間只有他們的一半。更有趣的是，他們發現馬雅族的小孩當中，接受較少正式教育的小孩「比起那些持續參與西方學校系統的馬雅小孩，前者展現了更持久的專注力」。換句話說，少上一點學，意謂更強的專注力，這是怎麼一回事？

心理學家蘇珊．蓋斯金（Suzanne Gaskins）花費數十年研究馬雅族的村莊，並且告訴全國公共廣播電台，馬雅的父母給予孩子非常大的自由。「媽媽並不會設定目標——然後再去提供一些誘餌和獎勵好讓他們達成目標——目標是孩子自己訂下的，然後父母盡可能地支持他們去完成這個目標。」蓋斯金說道。馬雅父母「強烈地覺得每個孩子都最了解自己想要的是什麼，並且只有在孩子們有意願的時候，才有可能達成目標」。

另一方面，在美國和其他類似的已開發國家，大部分的正規學校則恰好相反，這裡完全不是一個孩子們可以有自主權、替自己選擇的地方。根據羅戈夫：「小孩可能已經放棄去控制自己的專注力，因為一直都是大人在管的。」也就是說，孩子們已經被訓練成，放棄去控制自己的注意力，而結果就是變得很容易分心。

萊恩的研究，恰好揭示了我們是在什麼時候失去孩子們的專注力。「當孩子們上了中學，離開以家庭為本的學習環境，去到更像警察國家式的學校，在這裡會聽到鐘聲、會被留校查看、會被處罰，他們那個時候就會知道了，這在本質上就不是個讓人很有動力的環境，」他說道。在《科學人》雜誌上發表了〈青少年大腦的迷思〉一文的學者羅伯・艾普斯坦也得出了類似的結論：「根據我的調查結果，美國的青少年所受到的限制是一般成人的大約十倍，現役美國海軍陸戰隊隊員的兩倍，受限的程度甚至是被監禁中的罪犯的兩倍。」

儘管並非每個美國學生都感受到重重的限制，但是之所以有這麼多人需要千辛萬苦地在課堂中保持學習的動力，這一點也就顯而易見了，他們對於自主性的需求，也就是可以自主地去探索興趣這項需求，並未獲得滿足。「我們在學校環境裡頭花了很多力氣來控制他們，因此他們想要轉身去到另一個環境，讓他們可以在所進行的事情上面感受使用）是世界之惡的一種，但是我們在周圍設置的替代方案，製造出一個引力場，這才到更多的主權和自主性，這也就沒什麼好驚訝的了，」萊恩說道：「我們以為（科技的真的是製造出了一種惡。」

不同於他們線下的生活，孩子們在網路上有著極大的自由，他們可以自主地做決定或是實驗看看，用有創意的方法和策略來解決問題。「在網路的空間，有著極大量的選擇和機會，來自成人的控制和監視也相對少得多，」萊恩說道：「於是在線上就可以感受到自由、勝任感以及人際連結，尤其是相較之下，青少年所處的環境有過多的管制、規定限制、並且缺乏刺激。」

諷刺的是，當家長開始擔憂他們的孩子花太多時間在網路上的時候，他們常常會加上新的規則——這個方法很可能會適得其反。與其用更多的方法來限制孩子的自主權，萊恩建議父母試著去理解背後有哪些需求和相關的內在誘因，驅動了他們因為數位產品而分心的行為。「我們發現，如果父母採用支持其自主權的方式來處理孩子們老是上網，以及掛在螢幕上的問題，他們的孩子通常會比較自律且守規矩，也就較不會在螢幕前消耗過多的時間。」他說道。

第二課：孩子奮力地想要習得能力，得以勝任——精通、進步、成就以及成長

試想你擅長的事情：你在舞台上表演的能力、烹煮精緻美味的一餐，或是在擁擠的空間內成功路邊停車。得以勝任讓人感受良好，並且這種感覺會隨著能力成長而增強。

不幸的是，現在孩子們在教室中所感受進步的喜悅減少了，萊恩警告道：「我們一直在向許多的孩子們傳遞這個訊息：『你無法勝任你在學校裡正在做的事情。』」他指出，標準化測驗的增加就是問題的其中之一，「這正在摧毀教室裡的教學活動，打擊了很多孩子的自尊，並且扼殺了他們的學習與動力。」

「孩子們一個個都不一樣，而他們的發展速度也因人而異，」萊恩說道。但是，標準化測驗原本的設計就是不採計這些差異。如果孩子在學校表現不佳，又沒得到其所需要的、針對他個人的資源和支持，他們就會開始認定，在教室裡頭要能夠成功勝任是不可能的，所以他們也不試了。在教室裡感到能力的缺乏，他們開始找尋其他的出口，以獲得成長和發展的感覺。製造遊戲和 app 以及其他潛在分心源的公司，非常樂意填補這

個缺口，他們販售現成的解決方案，提供孩子們所缺乏的「心理營養素」。

科技產品的開發者知道有多少消費者喜歡升級、追蹤人數的成長、或是獲得他人的點讚數——這些成就迅速地提供了成就感上的回饋，讓人感覺良好。根據萊恩所說，孩子們在學校的時候，花時間在他們不享受、不重視的事情上，又感覺不到進步的潛力：「到了晚上，（他們）會寧願去做那些他們覺得他們更可以勝任的活動，我們也就應該沒什麼好驚訝的吧。」

第三課：他們追求歸屬感——對別人而言自己是重要的，以及對自己而言，有重要的人

跟同儕相處在成長中是非常具有形塑力的一環。對於孩子來說，大部分發展社交能力的機會都圍繞著跟別人一起玩耍的機會。但是，在現在這個時代，青少年在虛擬環境中的社交卻愈來愈多，因為在現實生活中的社交不是很不方便就是會被禁止。

玩耍這個天性正在快速地改變著，還記得嗎？我們以前會在籃球場上跟人湊對鬥

牛，週末在商場逛街，或就只是在鄰里間閒晃，直到你遇到一個朋友為止。遺憾的是，這種再自然不過的社交活動已經不像以前那麼容易發生了。

彼得・格雷（Peter Gray）針對美國玩樂行為的減少進行了研究，他在《美國遊戲期刊》上寫道：「現在很難在戶外看到成群結隊的小孩，而且，如果你找到他們，他們很可能是身著制服，跟著教練的指示行動。」

以前的世代可以在放學後就去玩耍，並建立親密的人際連結，現在很多小孩都受到父母限制，無法自由地在戶外玩耍，原因在於「誘拐兒童的人、路上交通危險，還有街頭惡霸」，根據《大西洋》雜誌上的一篇文章，裡面有一項針對父母所進行的調查是這麼說的。儘管從統計學上來看，現在的孩子們是美國歷史上最安全的一個世代，但是這些顧慮依然被提出討論。不幸的是，這是一個惡性循環，也讓愈來愈多孩子別無選擇，只能待在室內，參加著被規劃好的活動，或是仰賴科技來跟別人建立連結。

數位環境裡所建立的連結在很多方面都可能是相當正面的。在學校受到霸凌的孩子，可以從支持他們的網友身上獲得協助；一個面對自己的性向掙扎不已的青少年，可以獲得遠在國土另一端人士的支持；在學校害羞的孩子，在一同玩遊戲的朋友之間，他可能是個英雄，而這些朋友可能來自世界不同的角落。「數據顯示，」萊恩說道：「在學校無法獲得歸屬感，或是被孤立以及排擠的孩子，更可能會被媒體吸引，他們可以在這些媒體上跟他人建立關係，並且找到他們可以產生認同的小團體，這同時是件好事，也是件壞事。」

根據格雷所言，缺乏面對面的玩耍，要付出真正的代價，因為「學習與他人平等地相處與合作，可能是人類在社交中最重要的演化機能」。他認為這一點：「同時是文化中，社會孤立和孤獨感增加的原因，也是後果。」早在那些把使用螢幕的時間跟攀升的憂鬱症比率兩相連結的研究出現之前，格雷就指出了一項更大的趨勢，這可以回溯到六十年前：

> 從一九五五年左右開始……孩子們的自由玩耍不停地減少，至少有一部分是因為成人對他們活動掌控愈來愈多……
>
> 不知怎麼地，社會整體所得出的結論是，要保護我們的孩子遠離危險，以及為了要教育他們，我們必須要剝奪這個讓他們感到快樂的活動，並讓他們花費時間在

某種特定環境中，或多或少地受大人的引導、評價；這種環境的目的簡直就是要製造焦慮和抑鬱。

說到現代的童年生活，萊恩認為，在下了線的生活中，很多孩子並未充分獲得這三項心理營養素——自主權、勝任感以及歸屬感。那麼我們的孩子在網路上尋找替代品，也就沒什麼好意外的了。「我們把這個稱為『需求密度假說』，」萊恩表示：「你在生活中的需求愈無法被滿足，你就愈會試圖在虛擬世界中滿足這些需求。」

萊恩的研究讓他相信：「（科技產品的）過度使用只是一種症狀，也是一個指標，可以指出在某些生活領域中感到空虛的程度，像是學校或是家庭。」當這三項需求都獲得滿足的時候，人會變得更有動力，表現更好，堅持更久，並且展現出更多的創意。

萊恩並非反對對科技產品的使用做出限制，但是他認為這些限制要跟小孩一起設定，而不是因為你覺得你什麼都懂，而單方面強制他們。「你想要你的小孩獲得的東西不只是減少在螢幕前的時間，還包括去理解為什麼要這麼做。」他說道。你愈常跟小孩討論使用過多科技產品的代價，你就愈是在跟他們「一起」做決定，而不是「替」他們做決定，如此一來，他們聽從你建議的意願也就更高。

我們可以從分享開始，跟他們分享我們在第一部分中學到的處理與重新構思的技巧，讓你的孩子知道，在你自己的生活中，為了管理分心的問題，你做出了哪些改變，你可以展現你的脆弱並且讓他們知道，他們面對類似挑戰時的掙扎，我們都懂；而這麼做有助於信任感的建立。就像我們在上一個部分中看到的，好的老闆成為遠離分心的典範，父母應該要示範怎麼變得心無旁騖。

我們可能也要考慮在現實世界中提供孩子機會，去取得所需的自主權、勝任感以及歸屬感。減少安排好的學術課程或是體育訓練，給他們多一點時間去自由地玩，可以幫助他們找到人際關係上的連結，不然他們就會在網路上尋找這樣的連結。

孩子們的問題，我們無法全數解決——我們也不應該企圖這麼做——但是我們可以從心理需求的角度，去理解他們的掙扎和努力。去理解是什麼驅動他們濫用科技，這是幫助孩子們建立面對挫折時的恢復能力，而不是用分心的方式來逃避不適感。一旦我們的孩子覺得他們能被理解，他們就可以開始計畫，怎樣可以最有效地利用時間。

本章一點通

- **內在誘因驅動行為**。為了要知道怎麼幫助孩子管理分心的問題，我們首先得要了解問題的來源。
- **我們的孩子需要心理營養素**。根據一項被普遍認可的、與人類行為動機有關的理論，所有人都需要三樣東西才能成長茁壯：自主權、勝任感以及歸屬感。
- **分心填補了不足感**。當我們的孩子的心理需求並未在真實世界中獲得滿足時，他們會去尋找方法來獲得滿足——經常是在虛擬的環境中。
- **孩子們需要更多選擇**。家長和監護者可以採取行動，透過在現實生活中提供孩子們機會去獲得自主權、勝任感以及歸屬感，以此來幫助孩子找到線上和線下生活的平衡。
- **心無旁騖的四步驟模型對孩子而言也很有價值**。把這些處理分心的方法教給他們，最重要的是，以身作則，讓自己變得心無旁騖。

第三十一章
一起替具有引力的事情騰出時間

關於協助孩子們管理分心問題，有一點相當重要，要把討論的重點放在人而非科技。這個說法源於數位教育顧問的創辦人蘿瑞．蓋茲（Lori Getz），這個組織在各間學校針對網路安全舉辦工作坊——這是她在自己的童年時期學到的一個教訓。

蓋茲在青春期的時候獲得第一支電話（她房間裡面，要接線的那種室內電話），從她拿到這支電話開始，整個週末她都把自己鎖在房間裡面，只跟朋友聊天而不花時間跟家人相處。星期一當她放學回家的時候，發現整個門板都被拆掉了：「妳表現得像是個混蛋，這可不是電話的錯。」她爸爸如此斥責她：「妳把門關上，把我們都關在外面。」

儘管蓋茲並不推薦她父親這麼強勢的口氣和方法，不過他沒有把重點放在電話上，而是放在她的行為對他人所造成的影響上，這點確實是深具啟發性的。「去討論你是用什麼方式對待身邊的人、跟他們互動，」她建議道；而不是去怪罪工具。

說到跟家人相處的時間，重要的是去定義，哪些事情具有引力，哪些算是分心。最近蓋茲家進行的一場度假剛好可以測試她的理論。從沙加緬度開車到特拉基要兩個小時，她兩個女兒，分別是六歲和十一歲，詢問是否可以在車上用手機。為了要讓乏味的旅程不那麼難熬，並且藉此擁有跟她先生好好講話的機會，她同意了。這些裝置讓這趟車程變得容易，但是在之後的假期中，蓋茲發現兩個女兒開始過於頻繁地打開手機。

兩個女孩過度使用科技的狀況達到一個讓她感到瀕臨危險的關頭。某次蓋茲出去跑步之後回到家，發現孩子們黏在各自的螢幕上，兩個都還沒穿戴整齊，準備好要跟家人一起出門，這是她出門前，她們答應要做到的。冷靜的她沒有因此被憤怒沖昏頭，或是懲罰性地頒布了嚴格的家規，限制孩子們使用裝置，蓋茲決定是時候全家一起談談了。

他們全家人彼此擁抱著，互相確認了一起度過美好的時光是大家都想要的（也就是，這是具有引力的事情）。對於該怎麼共度這段時間以及要做些什麼來達到這個目標，他們取得了共識，所以事情變得一清二楚，只要會妨礙他們的計畫，任何事情都算是一種分心和干擾。他們一家人一起決定，只有在他們百分之百做好要出門的準備之後，才能各自使用自己的裝置。

去承認你不知道所有問題的答案是個好方法，蓋茲也認同這一點，這讓孩子們可以參與，去找新的解決方案。「我們都是一邊做一邊找答案。」她說道，蓋茲希望她的女兒持續地向自己提問，好監督和約束自己的行為：「我的行為對我而言是有用的嗎？我這樣子的行為，讓自己感到自豪嗎？」她要她們這麼問自己，「我跟很多青少年一起工作，他們常常會告訴我他們也不想要分心，他們也不想要生活被這些東西占滿，但他們就是不知道該怎麼停下來。」

為了幫助孩子們學會自我約束，我們得要教他們怎麼樣騰出時間來做具有引力的事。我們可以鼓勵他們定期跟我們討論彼此重視的價值，並且教他們留出時間好成為自己想要的人。注意，我們很容易會認為「小孩子有的是時間」，但很重要的是，要知道他們在每一個人生領域當中，也有自己的優先順序。

跟我們的孩子一起努力，打造一份符合價值觀的行事曆，這可以幫助他們替個人的健康和幸福領域騰出時間，並確保有充足的時間可以休息、進行清潔衛生、運動以及攝取適當的營養。舉例來說，儘管我太太和我不會強迫我女兒在一個嚴格規定好的時間上床睡覺，但是我們給她看了各項研究的結果，也向她強調了青春期充足睡眠的重要性。於是，她認知到睡眠對她的身心健全很重要後，很快就做出了結論，隔天要上學的話，晚上九點以後還一直盯著螢幕看並不是個好主意——這對於她想要保持健康的價值觀來說，是一種分心。你應該猜得到了吧！接著她把一天中的休息時間放進時間箱裡。儘管她有時候會發現自己稍微耽誤了這個晚間跟枕頭的約會，把這件事放入她的行事曆裡能提供她一個準則，可以用來自我監控和自我約束，並且，最終實踐她的價值。

說到孩子們的「工作領域」，對美國的孩子來說，工作是學校功課和家事的同義詞。儘管學校的課程為孩子們白天的時間提供了一個時刻表，但是他們該如何使用放學後的時間，則可能會成為爭執和挫折的源頭。

「很多孩子缺乏清楚的計畫，於是被放任去做出衝動的決定，這些決定經常會包括因使用數位產品而分心。」

我最近跟一個朋友喝了杯咖啡。她是一位母親，有一對青春期的雙胞胎兒子。她悲憤地抱怨孩子們是怎樣著迷於最新的科技壞蛋，這簡直讓他們變了一個人！這個壞蛋是一款線上遊戲《要塞英雄》。「他們欲罷不能！」她跟我說道，她相信是這款遊戲讓人上癮，而她的孩子們都是癮君子。為了讓他們放下遊戲去做功課，每天晚上都要跟他們吵架，她快氣死了，問我該怎麼辦才好。

我的建議裡頭包含了一些跟傳統觀念不符的作法。首先，我建議她去跟兒子們談談，聽他們說說就好，不要去批評他們。可以提出的問題包含這些：跟上學校進度跟他們的價值觀相符嗎？他們知道為什麼會要求他們做功課嗎？不做作業，後續的影響會是什麼？對於這些後續的影響，無論是短期的（成績很差）和長期的（做一些低技術水準的工作），他們都覺得沒關係嗎？

如果他們不同意學校課業對他們而言很重要，強迫他們去做不想做的事情也只是徒增壓迫，滋生怨恨。

「但如果我不在後面逼著我的孩子，他們就會被當。」她抗議道。

「那又如何？」我問她，「如果他們讀書的唯一原因就是讓妳少煩他們，他們上大學之後或開始工作之後，妳不在身邊，他們會怎麼做？或許他們需要知道失敗是什麼感覺，早一點比之後在未來才發生來得好。」我建議她，青少年一般來說已經有能力決定如何使用自己的時間了，如果這意謂考試不及格，那就這樣吧。壓迫可能是個急救方案，但絕對不是個可以根治的療法。

接下來，我提議她去要求他們自己提出要在各項活動上花費多少的時間，像是讀書、跟家人或是朋友相處、或是玩《要塞英雄》。我警告她，她有可能會不喜歡孩子們的回答，但是認可他們的回應是很重要的。這裡的目標是要教他們有意識且小心地使用自己的時間，把要進行重要活動的時間在每週行事曆上預定下來。記住，他們的行事曆（跟我們的一樣）需要每週評估和調整，好確保他們使用的時間是用來實踐他們的價值。

舉例來說，在事先分配好的時間內去玩《要塞英雄》，這是沒問題的。用一個時間箱式的行事曆，把使用數位裝置的時間規劃進去，這樣一來孩子們就會知道，他們會有時間做自己喜歡的事。我建議她改變一下針對科技所做的家庭對話的語境和情況——不再是她大吼著「不行」，改成教導孩子們去告訴自己「還不行」。

「賦權給孩子，讓他們擁有自主權，可以掌控自己的時間，這是一份天大的禮物，就算他們偶爾會失敗，但失敗也是學習的過程。」

最後，我建議她要保障孩子們有足夠的時間玩耍，跟朋友一起和跟父母一起，兩者都要。她的兩個兒子用《要塞英雄》來跟哥兒們相處，但是，線下的生活中，如果沒有一個替代方案，他們就會一直在線上玩樂。如果我們想要孩子們在線下可以滿足歸屬感的需求，他們就需要時間，在學校以外的地方建立面對面的友誼。這種關係裡面不應該有來自教練、老師和家長的壓力，去告訴他們該做什麼。不幸的是，如果沒有刻意安排的話，現在一般的小孩經常會沒有玩耍的時間。

有意識的家長可以刻意在孩子們每週的行事曆上騰出時間，無論他們年紀多大或是多小，都要重新替孩子們找回玩耍的時間，家長們還可以去找找看，有沒有其他家長也能夠理解自由玩樂有多重要，並且定期聚會，讓孩子們可以聚在一起，就像你會訂個時間去公園慢跑，或是訂個時間在車庫辦一場即興演奏一樣。研究一面倒地支持，自由玩耍的時間對於孩子們的專注力以及社交互動能力的發展非常重要。有鑑於此，自由玩耍可以說得上是他們最重要的課外活動了。

除了幫助孩子們找時間自由玩耍，我們也需要劃出一段時間讓他們跟我們自己，也就是他們的家長好好相處。舉例來說，親子可以一起進行的活動當中，最重要的可能是安排全家一起吃飯的機會。研究顯示，定期跟家人一起吃飯的孩子藥物濫用、憂鬱症、學校問題和飲食失調的比例都較低。不幸的是，很多家庭會錯過一起用餐的時間，因為他們會「到時候再說」，這個策略經常會讓每個人都根據各自的時程安排，獨自吃飯，因此最好是預留一個晚上，即便一個禮拜只有一次，都要跟家人一起共進晚餐，期間不碰任何的裝置。隨著孩子的成長，我們也可邀請他們一起共創這些跟家人一起用餐的活動，他們可以提議菜單的主題，像是「吃派對小點的星期五」、一起煮飯或是貢獻談話的主題。

身為家人，可以而且應該不只在用餐時間一起相處和玩樂。我在家建立了一個每週一次的「快樂星期天」，我們會輪流負責規劃一個為期三小時的活動。輪到我的時候，我可能會帶我的家人去公園，邊散步邊好好地聊天。輪到我女兒的時候，她通常會要求要玩桌遊，我太太通常會提議一起去當地小農市集探索和試吃一些新奇的食物。不論選擇做什麼，重點是定期撥出時間相處，來滿足我們對歸屬感的需求。

雖然我們都得有心理準備，要調整全家人的時間安排，但是我們需要讓孩子們一起參與，共同決定可以固定跟彼此相處的時間，並且要認可每個人的付出。應該要教導他們去規劃自己的時間，以及在跟彼此相處時要心無旁鶩，這會讓我們將自己所重視的價值傳承下去。

本章一點通

- **把引力的概念教給他們**。孩子們的生活中有這麼多潛在的分心源，教他們如何騰出時間給具有引力的事情至關重要。
- **就像我們自己時間表裡的時間箱一樣，孩子們可以學習怎麼樣騰出時間，去進行對他們而言重要的事情**。如果他們不學會去自己先做好計畫，他們就會分心。
- **孩子失敗的話也沒關係**。失敗是我們學習的方法之一，示範給孩子們看，該怎麼去調整他們的時間表，好讓他們有時間可以實踐他們所重視的價值。

第三十二章
協助他們處理外在誘因

去理解是哪些內在誘因讓孩子們分心，並且用時間箱的技巧幫助他們打造一個行事曆之後，下一步是去檢視他們生活中的外在誘因。

很多時候，都可以相當輕易地去怪罪，都是那些大量不請自來的誘惑，向孩子們的注意力發出訊號，企圖拉走他們：手機的提示音、電視的閃光、耳機裡震耳欲聾的音樂，很難想像我們的孩子怎麼能夠在這種狀況下還能好好把事情做完。很多小孩（和成人）的注意力都會在各種事情之間遊蕩，然後一天就過去了。孩子們不停地對外在誘因做出回覆，也就沒有機會去進行深入思考，或是長時間專注於一件事情上面。

皮尤研究中心在二〇一五年針對美國的年輕人以及科技產品，進行了一項研究：

「現在有百分之九十五的青少年都表示他們擁有智慧型手機，或是有辦法取得並使用智慧型手機。」不意外地，孩子擁有智慧型手機時，在這些家長當中有百分之七十二都擔心手機會「造成太多的分心」。

在很多方面，是家長和監護人讓這個情況發生的，畢竟是我們允許，以及通常也是由我們提供資金，才讓他們去購買這些讓人分心、讓我們感到怨恨的裝置，我們屈服於孩子們的要求，但是這些方法對他們或是對家庭都沒有好處。

很多家長不會去考慮他們孩子是否準備好可以使用這些可能會帶來傷害性後果的裝置，而是因為這樣的抗議而投降：「我們班每個人都有智慧型手機和 Instagram 帳號。」

「作為家長，我們經常忘記孩子們『真的真的很想要』某樣東西，並不足以作為一個好理由。」

想像一個年幼的孩子站在游泳池邊，他的朋友們都在裡面很快樂地玩水，這個孩子急切地想要跳進去，但是你不太確定他是否會游泳，你會怎麼做？

我們都知道游泳池可能是個相當危險的地方，但是儘管有風險，我們也不會永遠禁止我們的小孩享受玩水的樂趣。而是，當他們年紀夠大，我們會確定他們已經學會游泳，並且，即便他們已經學到了一些基礎，我們還是會稍微注意著，一直到我們對他們的能力有信心，認為他們可以安全地玩水為止。

事實上，我們很容易可以列出一大票我們不想讓孩子在準備好之前，貿然進行的活動：閱讀特定的書籍、觀看暴力影片、開車、喝酒精飲料以及，當然還有使用數位裝置——每項活動可以開始的時間不一，而且不是孩子們說了就算的。探索世界以及在有風險的環境中摸索，是成長中很重要的一部分，但是在孩子有能力適當使用智慧型手機之前，逕自給他一支手機或是其他科技的小玩意兒，就跟讓他們在不會游泳的時候就一頭栽入泳池一樣不負責任。

很多家長都會合理化自己的行為，家長們之所以交出智慧型手機，原因是他們知道自己可以隨時聯絡得到小孩，這讓他們得以安心。但不幸的是，他們經常會發現他們給孩子太多了，也給得太早了。游泳池的譬喻在這裡一樣適用，當孩子們學會玩水的時候，他們會從淺的那端開始，可能會在手臂上套著浮圈，或是用浮板，好讓他們在水中感到自在。唯有在他們明確證明了自己的能力後，才可以拿掉這些輔具，自由地游泳。

與其給我們的孩子一支一應俱全、包羅萬象的智慧型手機，最好是從一些只能打電話和傳簡訊的功能型手機開始。這樣的手機以不到二十五美元的價格就可以買到，且裡頭不會有讓孩子們分心的外在誘因和 app。如果定位追蹤是個優先考量，一支有 GPS 功能的腕錶，像是 GizmoWatch，可以讓家長透過自己手機上的 app 知道孩子的行蹤，但只能接聽和撥打電話，而且是在限定的幾個號碼之內。

「隨著孩子的年紀漸長，如果想要知道他們是否準備好可以使用特定裝置，有個很好的方法可以測試，就是他們是否有能力去理解，以及使用裝置內建的功能來移除外在誘因。」

他們知道怎麼使用「勿擾模式」的功能嗎？他們知道，在他們需要專心的時段，要怎麼改變手機設定，讓它自動把所有通知關掉嗎？跟家人相處以及朋友來訪的時候，他們能夠做到把手機放在視線之外，眼不見，心也不煩嗎？如果做不到，他們就還沒準備好，可以說他們還需要多上幾堂的「游泳課」。

儘管家長常常會把目光放在那種對最新型的科技而產生的狂熱，常常會忘記一些較舊的科技產品，但是這些產品也會造成同等的問題。如果你讓孩子們在房間裡頭有電視、筆電或是其他可能會讓人分心的外在誘因，這種事便幾乎無法被合理化；這些發亮的螢幕應該被放在公共空間。這些誘惑會讓他們想要過度使用這些裝置，要期待我們的孩子可以自行管理的話，這樣對他們的期望就太高了，尤其是在缺乏家長監督的情況下。

孩子們還需要充足的睡眠，而任何會發出光源和聲響的裝置在夜間都是個讓人分心的干擾。《螢幕兒童》一書的作者安雅．卡曼尼茲寫道，確保孩子們睡眠充足是「證據確鑿，且不容爭議的議題」。卡曼尼茲強烈建議「螢幕跟睡眠不應該被混在一起」，並且懇求家長，夜間時段，不要讓小孩的房間裡有任何的數位裝置，且睡前至少一個小時內，也不要看螢幕。

當我們的孩子在從事做功課、家事、吃飯、玩耍和培養興趣這些需要持續注意力的活動時，幫助他們移除外在誘因同樣重要。就像你可能會請老闆給你時間專心工作，家長們也必須尊重孩子們安排好的時間。如果他們依據規劃好的行事曆，花時間在做功課時，我們當然必須要讓干擾降到最低，但是當這段時間是用來跟朋友相處或是打電動的時候，同樣的規則也一體適用。如果他們事先做了計畫，你的工作就是尊重那個計畫，不要打擾他們。

再回到那個關鍵問題：「是外在誘因在服務我，還是我在服務它？」有時候，作為家長，我們可能是讓他們分心的來源。狗叫聲、門鈴響、爸爸叫他們去應門、媽媽問他們棒球比賽的賽程表，或是兄弟姊妹邀他們去玩，這些都可能會干擾他們原本規劃來進行其他事情的時間。這種打斷看起來沒什麼大不了，但是只要時間不對，任何的打擾都是一種分心，而我們必須盡我們該盡的義務，把多餘的外在誘因給移除，幫助孩子們按照他們所規劃的方式使用他們的時間。

本章一點通

- **在孩子跳入水中之前，先教會他們游泳**，就像在游泳池裡面一樣，不應該允許孩子在準備好之前，參與特定的具有風險的行為。
- **測試孩子，看他們是否已經準備好使用科技產品**。要判斷孩子準備好了沒，有一個滿好的測量方式，就是看看他們是否會使用裝置上的設定來關掉外在誘因，並藉此管理分心。
- **孩子需要睡眠**。讓孩子的房間裡面有一台電視或是其他潛在的分心源，並且放過夜，這是幾乎無法被合理化的行為。確保沒有東西會干擾他們好好休息。
- **不要讓自己變成多餘的外在誘因**。尊重他們的時間，而且，當他們安排時間要專心做事，無論是工作還是玩耍，都不要打擾他們。

第三十三章

教導他們建立自己的協定

當我的女兒五歲，她已經對於「iPad 時間」相當堅持，並且會不屈不撓地抗議，在發現這點的時候，我太太跟我就知道，我們必須採取行動了。我們冷靜下來，盡可能地用理查．萊恩所建議的方式，去尊重她的需求：我們盡可能簡單地向她解釋，花太多時間盯著螢幕看的話，就要犧牲做其他事情的時間。

她那時候在上幼稚園，正在學著怎麼看時間，因此我們可以跟她解釋，她只有這麼多的時間可以做她喜歡的事，在 app 和影片上花太多時間的話，意思就是在公園跟朋友玩的時間、去社區游泳池游泳的時間、跟爸爸媽媽在一起的時間都會變少。

我們也解釋了，iPad 上的 app 和影片是一些非常聰明的人做的，並且目的就是要讓她養成習慣，看個不停。讓我們的孩子了解這些遊戲公司和社群網站的動機是很重要的——當這些遊戲將樂趣和人與人之間的連結作為商品，販售給我們的同時，他們也賺取了我們的時間和注意力。要教會五歲小孩這麼多東西，看起來不容易，但是我們覺得很需要讓她具備自己決定怎麼使用她的螢幕的能力，並且制定她自己的規則。

「知道何時該停止，是她自己要負責的工作，因為她不能依賴 app 的開發者或是她的父母來告訴她夠了、該停了。」

接著我們問她，一天花多少時間在螢幕上對她而言是好的，我們給予她自主權，讓她自己替自己做決定，有點風險，但值得一試。

說實話，我以為她會說：「整天！」但她沒有，她現在理解了規範自己待在螢幕前的時間的重要性，以及這件事背後的邏輯，並且她現在手中有著決定的自由，她小心翼翼地說：「兩個節目。」Netflix 上的兒童節目兩集的長度大概是四十五分鐘，我解釋給她聽：「妳覺得每天看四十五分鐘對妳來說，這樣子的時間是剛剛好的嗎？」我是真心提問，她點頭同意，從她的微笑中我可以看出，她覺得自己在這筆交易上賺到了。

對我來說，四十五分鐘沒問題，她還有足夠的時間進行其他的活動。「妳要怎麼確定自己每天不會看超過四十五分鐘？」我問她，她不想輸掉這個協商，而且她顯然覺得自己快贏了，因此她提出，可以使用廚房計時器，這個她可以自己設定。「聽起來很不錯，」我同意了，「但要是爸爸媽媽發現妳沒辦法遵守妳對妳自己，和對我們的承諾，我們就得再重新討論一次了。」我說道，她也同意了。

這只是一個例子，每個年幼的孩子都可以學會怎麼使用預先承諾的技巧。現在，她是個熱情而堅定的十歲孩子了，我女兒依然自己負責管理要花多少時間來使用這些帶有螢幕的裝置。因為她長大了，她對自己訂下的準則也做了一些調整，像是她會把一天兩集的時間湊在一起，用來換一個週末的電影之夜，她還把廚房計時器換成其他的工具。她現在會叫亞馬遜的 Alexa 幫她設定計時器，好讓自己知道可以看到什麼時候。重要的是，這些是她自己的規則，不是我們的，她得負責去執行。最棒的是，當時間到了的時候，她爸爸可不必當壞人，她的裝置就會告訴她夠了，該停了。無意間，她已經讓自己進入一項費力協定，就像在第四部分中所描述的那樣。

很多家長都想知道，應該允許孩子們花多少時間盯著螢幕看，到底正確的時間是多長？然而並沒有確切的數字。有太多因素要考慮了，包括每個孩子個別的需求、孩子們上網是在做些什麼，以及看螢幕的時間原本是拿來做什麼的。最重要的是讓孩子參與對話並替自己訂出規則。當規定是由家長強制加諸在孩子身上，而這個規定裡面沒有納入孩子自己的意見，這樣一來，家長會讓孩子心懷怨念，讓他們想要在這個系統中作弊。

「只有等到孩子們做到即便父母不在身邊，也可以監控自己的行為時，他們才算是學會了變得心無旁騖的技巧。」

這些策略並無法保障父母與子女之間的家庭和諧，事實上，我們應該要預期到，討論科技在家裡以及在孩子的生活中究竟扮演了什麼角色，可能會帶來激烈的爭論，就像許多家庭會針對要不要在週六晚上把家裡的車鑰匙給青春期的孩子，所進行的激烈爭辯。彼此討論是健康家庭的徵兆，有些時候，意見不合也是，但記得要尊重彼此。

如果要從這個部分學到一個教訓的話，或是從整本書學到一個教訓，那就是分心是一個問題，並且跟別的問題沒什麼不同。無論是在一個大公司裡，還是在小小的家庭裡，當我們受到鼓勵，並且在一個有安全感的環境中，公開地討論我們的問題，就可以一起解決這些問題。

有一件事情是再確定不過的，那就是科技變得愈來愈普遍且具有說服力。讓我們的孩子知道這些產品就是設計成讓人非常想要持續使用，這固然重要，但我們也需要鞏固他們的信念，讓他們相信他們自己有力量可以克服分心。有智慧地運用自己的時間，這是他們的責任，也是他們的權利。

本章一點通

- **不要低估你孩子制定預先承諾並且確實執行的能力**。即便是年幼的孩子都可以學會進行預先承諾，只要規則是他們自己訂的，並且知道怎麼使用計時器或是其他的方法來約束自己。
- **作為消費者，秉持懷疑論是健康的行為**。去意識到公司所想要的就是讓孩子們把時間花在看影片或是玩遊戲上面，這是教導他們怎麼去識讀科技時，很重要的一個部分。
- **讓孩子自己負責**。只有等到孩子們可以監控自己行為的時候，他們才真的算是學會了怎麼去管理自己的時間和專注力。

第七部

要如何擁有一段心無旁騖的關係

第三十四章

在朋友之間散播社會抗體

當我們跟朋友在一起的時候，他們的陪伴都不是專屬於我們，手機幾乎一定也會到場，並且總是蓄勢待發，隨時都可以用一個不湊巧的通知來打斷我們。話音未落，反射性地拿起手機看了一下，也就因此而分心了，這種狀況誰沒看過？大部分的人面對這種中斷，就只是接受它，把它當作時代的一種象徵，然後嘆口氣也就算了。

不幸的是，分心是會傳染的，當吸菸的人聚在一起的時候，第一個人拿出香菸時，同時也給出了一個訊號，其他人注意到這個訊號的時候，他們就會跟著做。同理，數位裝置可能會誘發他人的行為，當一個人在晚餐時拿出手機，這就像是一個外在誘因，其他人也會跟著迷失在螢幕之間，而代價就是，犧牲彼此的對話。

心理學家把這個現象稱為「社會感染」（social contagion），而研究人員發現，這對我們的行為會造成影響，影響層面從藥物濫用到暴飲暴食。當你在翻揀著碗裡的甘藍菜沙拉，但你的伴侶和孩子卻在大啖糖霜甜甜圈，這種情況下，要控制體重是非常困難的一件事；而當你的家人朋友都選擇了看著螢幕而不是你的時候，你自己要改變使用科技的習慣也就相當困難了。

有鑑於他人對我們行為所產生的影響是這麼巨大，那麼當我們跟別人在一起，並且想跟他們共度一段不受干擾的快樂時光，這種時候要怎麼管理分心呢？當身邊的人不做出改變的時候，我們要怎麼改變自己分心的傾向？

散文家暨投資人保羅．葛萊漢（Paul Graham）寫道，社會有著發展「社會抗體」的傾向——當新型態的傷害行為出現時，就會產生社會抗體來防禦。試想，一九六五年時，根據中央疾病管制局的報告，美國成人當中有百分之四十二．四都吸菸，而這個數字預計在二〇二〇年會降到只剩下百分之十二。當然，吸菸率的驟降，法規在其間扮演了舉足輕重的角色。但是，法律並未禁止大家在自己的家裡吸菸，而即便沒有明文規範，這個習慣卻也改變了。

我記得我父母雖然不吸菸，卻還是在家中各處都放置了菸灰缸。那個時候，不管是在什麼地方，只要想抽菸，即便是在一個室內空間裡，或是身邊有小孩、或在辦公室裡都無關緊要。我母親盡力地想要阻止這種抽菸的習慣，她所提供的菸灰缸都是骷髏的手骨形狀，用這個不太隱晦的方式，提醒大家抽菸的後果，這是在不讓自己感到尷尬難堪的前提下，我的母親能夠做到的極限了。在那個年代，要求別人不要在你的屋內吸菸被認為是個奇怪、甚至不禮貌的舉動。

但是現在，事情變得很不一樣。我從來就沒有任何菸灰缸，也沒人提出過想在我家抽菸的要求；他們已經知道答案會是什麼了。如果有人在我們家客廳沙發上準備點起一支菸，我光是想像我太太臉上的表情就開始害怕了——那個人不會繼續在我家待上太久，也不會繼續留在我們的朋友圈。

抽菸的常態是如何在一個世代之後，就有如此戲劇化的轉變？根據葛萊漢的理論，人們會使用社會抗體來保護自己，跟身體與可能會傷害我們的病毒和細菌做出反擊的方法很類似。在社交場合中，治療分心的療法需要發展新的慣例：當大家在一起的時候，把查看手機變成一項禁忌。

「社交上的慣例正在改變，但是是否變得更好，就取決於我們自身了。」

要確定不健康的行為真的不會被眾人接受的唯一方法，就是點出問題，處理它，用社會抗體來防止它的擴散，這個方法在吸菸行為上已然奏效，而在數位裝置的分心上也派得上用場。

想像一下，你正在參加一個晚餐聚會，而有人拿出他的手機，開始用了起來。儘管你很可能已經知道在親密的社交場合裡面，掛在裝置上面是不禮貌的，但總是至少有那麼一個人還沒學到這個新的社交慣例。假設你還想繼續跟他維持朋友關係，在大家面前讓他難堪不是個好主意，需要一個更細緻又含蓄的方法。

為了維繫友好的關係，有個簡單又有效的方法就是直接問他個問題，這樣可以直接打醒這個違反常態的人，讓他離開手機地帶，這個問題會給他兩個簡單的選項：一、請求大家的諒解，然後處理他在裝置上所遇到的緊急事件。二、大方地放下他的手機。這個問題是這樣的：「我看到你在用手機，一切都還好嗎？」

記得要真誠地問——畢竟，可能真的是緊急狀況，但多半的狀況會是這樣，他會含糊地說個小小的藉口，然後把手機塞回口袋，再次重新開始享受這個夜晚。勝利是屬於你的了！你已經成功且高明地把對抗「低頭」（phubbing）的社會抗體散播出去了，這個英文詞彙是 McCann 事務所為了 Macquarie 字典所造的新詞。

Phubbing 是個混成詞，由電話（phone）以及冷落（snubbing）兩個字所組成，意思指的就是「在社交場合無視（一個人或是周圍的狀況），忙著用手機或是其他行動裝置的行為」。編字典的人召集了一群專家，為的是造一個詞，讓大家有辦法說出這個問題。現在，輪到我們來選擇了，可以開始使用這種說法，它就可能變成另一種正面的社會抗體，可以對抗社交場合裡的分心問題。

「像是智慧型手機、平板和筆電這些現代科技，並不是社交場合裡頭唯一的分心源。」

很多餐廳有電視牆，每台電視都轉到不同的頻道，新聞頭條或是體育賽事在螢幕上閃爍著，這些影像很容易讓對話突然中斷。我們應該要把注意力集中在身旁的人身上，但是正因為我們允許這些電視在背景播放，跟那些裝置比起來，這些電視讓我們分心的危險程度有過之而無不及。

朋友之間的分心還可能有其他形式，包括我們的小孩也是一種。舉例來說，在一個近期的聚會上，一位朋友正要開始分享他個人和事業上的掙扎，就在此時，他其中一個小孩跑過來我們的桌子旁邊，想要喝果汁。對話的主題馬上就變成討論孩子的需要。

這個天真無害的干擾卻有能力讓一段敏感的談話偏離主題——而這種對話能鞏固親密的友誼。在下一次我們共進晚餐的時候，我們確保了孩子們會需要的東西，包含食物和飲料，都準備齊全了，並且放在另一個房間裡面，孩子們收到非常明確的指令，除非有人流血了，不然不要打斷大人們。

全部的外在誘因——無論來源是我們的手機還是孩子——都得經過仔細的檢驗，好去決定是否對我們是有用的。當我們的小孩學會自己照顧自己的時候，對他們也比較好，並透過觀察他們的父母示範學習怎麼建立友誼，他們也會學到要把讓他們分心的事情排除，專注在他們的朋友身上。如果我們不刻意規劃時間和場所來進行不受打擾的討論，我們所冒的風險就是喪失真正了解他人並讓他們了解自己的機會。

社會整體用社會抗體來減少吸菸習慣，用同樣的方式，我們可以減少跟朋友相處時的分心行為。取得朋友和家人的同意，一起管理分心並且採取行動，把多餘的外在誘因移除，如此一來，當我們跟我們所愛的人在一起的時候，就可以把分心這個社會感染給隔離在外面。

本章一點通

- **在社交場合分心，可能會讓我們無法全心全意投入，跟生命中重要的人相處。**打斷和干擾會降低我們建立親密的社交連結能力。
- **阻斷不健康行為的擴散。**在交友圈中可以用「社會抗體」這個方法來讓傷害性的行為變成一種禁忌，並預防這些行為的發生。
- **發展新的社交慣例。**我們可以用社會上對抗吸菸的方式，解決朋友之間的分心問題，把在社交場合使用裝置變成是不被允許的事情。準備幾個高明的說法——例如詢問「一切都還好嗎？」——來阻止朋友之間使用手機的情形。

第三十五章

成爲一個心無旁騖的情人

每天晚上，我太太跟我都會進行這樣的例行公事：她哄我們的女兒上床睡覺、刷牙、打起精神，然後她會躺到被窩裡面，我們互相交換一個眼神，就知道時候到了，該做正事了，情侶或夫婦之間在床上當然要做這件事——她開始愛撫著她的手機，而我則溫柔地撫摸著我的 iPad 螢幕，喔，真的是太爽了。

我們都跟我們的科技裝置有一腿，用臉書代替前戲的情侶，顯然我們不是特例。根據一項調查，「將近三分之一的美國人，與其要他們一整年不用手機，他們寧願選擇一整年沒有性生活。」

在我們學會怎麼變得心無旁騖之前，智慧型手機上的通知帶給我們的誘惑，的確是非常難以抗拒，原本答應只是要在晚餐後很快地回一封信，最後卻演變成失去了當晚整整四十五分鐘時間可以讓我們進行親密的相處。我們陷入了一個夜晚的儀式，孤獨地查看著自己的科技產品，直到深夜。等到我們各自上床，準備睡覺的時候，都已經累到說不出話來了，我們的關係，就這樣承擔著這種痛苦，性生活就更不用談了。

根據皮尤研究中心，百分之六十五的美國成人睡覺時，會把手機放在床上或是身邊，我們兩個就是屬於這百分之六十五的一份子。習慣的養成是基於誘因送出的信號，我們身邊的東西就是會點燃引線、誘發我們行動的那點星火。我們決定要把手機拿出臥室，放在客廳，既然外在誘因已經移除，我們在跟各自的科技產品出軌的這個問題上，便重新拿回了一點點的控制權。

然而在幾個沒有手機的夜晚之後，我開始察覺到一種焦慮感，讓我倍感壓力。我的腦袋裡被各式各樣的事情占滿，每件事情都想要獲得我的關注。是不是有人寄了一封緊急的信給我？我部落格上最新的留言內容是什麼？我是不是錯過了推特上什麼重要事件？這個壓力非常明顯，令我相當痛苦，因此我做了一件任何信誓旦旦地承諾要改掉壞習慣的人都會做的事：我作弊了。

我碰不到我的手機了，我得要替自己找個新的伴侶，讓我鬆了一口氣的是，當我拿出我的筆電，開始在鍵盤上敲敲打打的時候，我發現我的焦慮感漸漸退散。我的太太看到我的所作所為，欣然接受這個機會，解放自己的壓力，然後我們又回到之前的狀態了。

又過了幾個這樣的夜晚，在機器上耗到深夜，我們只能懦弱地承認，我們失敗了。雖然難堪，但我們下定決心要搞懂到底是哪裡出了問題，我們發現我們跳過了一個關鍵的步驟，我們還沒學會去處理把我們拉回去的不適感。在對自己保持同理心的狀態之下，這一次，我們決定先從驅動著我們不良行為的內在誘因開始進行管理。

我們設置了一個十分鐘規則，並且承諾，如果我們真的想要在晚間使用某個裝置，我們會等十分鐘再去用。這段時間讓我們有緩衝，可以進行「衝動衝浪」，並且用暫停的方式去打斷那個習慣，否則很可能會就此盲目地做出這些行為了。

我們同時也把我們的路由器和螢幕裝在帶有計時器的插座上，這個插座是我們在當地的五金行，花了七塊錢買的，我們把它設定成每天晚上十點就會關掉。使用這個費力協定，意謂如果要「偷吃」的話，我們就得把身體扭成不舒服的姿勢，到桌子後面，把裝置的開關手動打開。

簡言之，變得心無旁騖的四種方法我們都用上了，結果我們有所進步。成功抑止晚間使用科技裝置的強烈衝動帶來的壓力，我們學會如何去處理這種壓力，並且隨著時間過去，去抗拒也變得比較容易。我們安排了很嚴格的就寢時間，並且主張臥室是個神聖的空間，把外在誘因，像是我們的手機和電視，留在外面。那個把多餘的分心源切掉的計時器插座，讓我們可以確實遵守跟自己訂下的預先承諾，並且把這變成是一件我們每晚都會期待的事。我們對於自己的行為自制力增強的同時，也開始把這段重新得來的時間用在一些更「有生產力」的事情上。

儘管我們對於自己這個斷絕科技的發明相當自豪，現在有很多路由器，像是Eero，都有內建可以切斷網路的功能。如果我忘了時間，企圖在十點以後查看電子郵件，我的路由器就會送一則訊息來提醒我把電腦關掉，去依偎在我太太身邊。

「分心甚至可能會向我們最親密的關係索取通行費：可以跟世界上任何人輕易取得聯繫的代價，就是我們可能無法全心全意跟真的在身邊的人相處。」

我和我太太依然熱愛這些科技的小玩意，出現新發明的時候，也樂於擁抱這個改善生活的可能性，但是我們想要從科技中獲益，又不想讓其侵蝕性的影響力折磨我們的關係。學會了如何處理我們的內在誘因、替我們真正想做的事情找出時間，移除有害的外在誘因，並且使用預先承諾，如此一來，我們終於得以克服我們關係裡頭的分心問題。

⁂

就像你在第一部分中所讀到的：「心無旁鶩的意思就是努力去做到言出必行。」努力的意思指的是「奮力拚搏，強力對抗」，並不是說要完美無缺，絕對不會失敗。跟每個人一樣，我在面對分心時，有時候也會掙扎一番，當我壓力特別大，或是我的行程有些超乎預期的變化，我也會偏離正軌。

好在，花在替這本書做研究以及寫作的這五年，讓我學會了怎麼去對抗分心，並贏得勝利。分心還是會發生，但是現在我知道該怎麼處置這些分心，讓它們不會「一直」發生。這些技巧讓我可以掌控自己的生活，其方法和程度都是我之前做不到的。我對自己和對他人都一樣誠實，我按照自己重視的價值過活，我履行自己對所愛之人做出的承諾，並且在事業上的生產力前所未有地高。

最近我重新思索了我跟我女兒之間，關於超能力的對話。我跟她道了歉之後，我請她再跟我講一次她的答案，而她的回答讓我大吃一驚：她說，她想要擁有可以永遠都善待他人的力量。

我擦了擦我的眼淚，並且抱了抱她，接下來我花了點時間思考她的答案。我發現善良不是一種神祕的超能力，需要一些魔法血清之類的——只要想要，我們隨時都有善待別人的力量。我們只需要駕馭那些早已擁有的力量。

變得心無旁騖也是如此。讓自己變得心無旁騖，藉此我們可以成為別人的典範。在職場上，我們可用這些方法來改造我們的組織，並且在我們的產業內外都可以產生漣漪效應。在家裡，我們可以啟發自己的家人，親自試試看這些方法，並且過著他們所願景的生活。

我們都可以努力去做到言出必行，我們都擁有變得心無旁騖的力量。

本章一點通

- **分心可能會對我們最親密的關係造成妨礙**。即時的數位連結的代價可能是無法全心全意跟身邊的人相處。
- **心無旁騖的伴侶能奪回時間，跟彼此相處**。按照這四個變得心無旁騖的步驟，可以確保你找出時間留給你的伴侶。
- **現在輪到你變得心無旁騖了**。

你喜歡這本書嗎？

恭喜你並且感謝你讀完這本書！我希望你讓你所讀到的內容發揮好的作用。

如果你有一點時間，並且願意在網路上給這本書一點評價，我會非常感謝。你的書評會有很大的影響，會持續鼓勵其他人來讀《專注力協定》這本書，而且絕對是幫了我個人一個大忙！

先謝謝你了！請到這個網站：

NirAndFar.com/Review indistractable

然後，任何的問題、意見、修改或是回饋，都請留在這邊：

NirAndFar.com/Contact

誠摯地感謝！

尼爾

附錄

導言

第一章：要擁有我們所渴望的生活並不只是需要做對的事，還需要停止進行那些讓我們錯的事。

第二章：「引力」幫助我們達成目標；「分心」則讓我們離目標愈來愈遠。變得心無旁騖，意思就是努力地讓自己做到言出必行。

第一部　管理內在誘因

第三章：我們的動機是一種欲望，想要從痛苦中獲得解放。找出造成分心的根本原因，而非表面的近因。

第四章：不要試圖用分心的行為來逃避不適感，去學習怎麼處理它。

第五章：不要再試圖壓抑你的衝動——這只會讓衝動變得更強。觀察它，並且讓衝動自己慢慢消失。

第六章：將內在誘因重新構思。尋找分心行為發生前的負面情緒，把它寫下來，把注意力集中在負面的感受上，不要用嫌惡的心態，而是用好奇的心態來看待這個感受。

第七章：將任務重新構思。用近乎愚蠢的、甚至荒唐的程度專心在一件事情上，就能夠把任務變成遊戲。刻意去尋找新鮮感。

第八章：把你的性情重新構思，跟自己對話很重要。除非你相信意志力是有限的，不然意志力是不會被用完的。避免往自己身上貼上這種標籤：「容易分心的」或是「個性上就是容易成癮的。」

第二部　替具有引力的事騰出時間

第九章：把你的價值觀換算成時間，製作一個行事曆的模板，用時間箱來規劃一天當中的時間。

第十章：安排出時間留給自己。去規劃所投入的，產出接著就會跟進。

第十一章：替重要的人際關係安排時間，包括做家事的責任，也要包括你所愛的人。在行事曆上定期安排時間跟朋友相處。

第十二章：讓你的利害關係人跟你的行事曆同步。

第三部　對付外在誘因，把它駭回去

第十三章：針對每個外在誘因，提出這個問題：「是這個誘因在替我服務，還是我在替它服務？」它帶來的是引力還是讓人分心的拉力？

第十四章：捍衛自己的專注力。當你不想受到干擾時，放出信號。

第十五章：要減少收到的信，得先減少寄出的信。當你查看信箱的時候，依照每封信需要回覆的時間，替信件加上標籤，在預定好的時間內，再來回這些信。

第十六章：至於聊天群組，要排定時間來使用，並且進去之後要快速地出來。只邀請必要的人加入，不要在裡面大聲地思考。

第十七章：增加召開會議的難度。沒有議程，就不開會。開會是為了建立共識，而不是為了解決問題。開會的時候把所有裝置都留在會議室外面，只留下一台筆電。

第十八章：那些讓人分心的 app，不要裝在手機上，在電腦上使用就好。去整理你的 app 並且管理你的通知。打開「勿擾模式」。

第十九章：把桌面通知關掉，把工作空間裡的潛在誘因給移除。

第二十章：用 Pocket 把線上的文章存下來，等到規劃好的時間到了，再去閱讀或是收聽這些文章。使用「多頻道多工」的方法。

第二十一章：使用瀏覽器的外掛程式，讓你可以享受社群媒體的好處，卻不會因此分心。這裡還有更多的工具：NirAndFar.com/indistractable。

第四部　用協定來預防分心

第二十二章：衝動的解藥就是事前規劃。為了之後自己可能分心的時機點，提早做出規劃。

第二十三章：用費力協定來讓這些多餘行為的執行難度增加。

第二十四章：用代價協定來讓分心付出昂貴的代價。

第二十五章：身分協定是一種預先承諾，承諾要建立某個自我形象。說自己是一個「心無旁騖」的人。

第五部　如何讓你的職場變得心無旁騖

第二十六章：「隨時待命」的文化會讓大眾抓狂。

第二十七章：工作時過度使用科技產品，是企業文化失調的一個症狀，而根本的原因是「心理安全感」的不足。

第二十八章：要打造一個重視專心工作的企業文化，從小地方開始著手，找方法讓同事之間可以針對問題，公開討論。

第六部　要如何培養出心無旁騖的孩子（以及為什麼我們都需要心理上的養分）

第二十九章：找出孩子分心的根本原因。把心無旁騖模型的四個步驟傳授給他們。

第三十章：確保孩子們的心理需求獲得滿足。所有人都需要感到自己擁有自主權、勝任感以及歸屬感。如果孩子在現實世界中無法滿足這些需求，他們會轉而在線上尋求滿足。

第三十一章：教導孩子們用時間箱的方法規劃他們的行事曆，讓他們騰出時間來做自己喜歡的事，包括上網的時間。

第三十二章：跟你的孩子一起，試著去把那些沒用的外在誘因給移除。要確保他們知道怎麼把外在誘因關掉，而你自己也不要變成一個外在誘因，讓他們分心。

第三十三章：幫助孩子去建立協定，並且要確定他們知道管理分心是他們自己的責任。教導他們：分心是一個可以解決的問題，並且心無旁騖是個終身受用的技巧。

第七部　要如何擁有一段心無旁騖的關係

第三十四章：有人在社交場合使用裝置的時候，問他：「我看到你在用手機，一切都還好嗎？」

第三十五章：把你的裝置從臥室中清出來，並且讓網路在特定的時間點會自動斷線。

行事曆模板

免費的線上行事曆工具，請到 NirAndFar.com/indistractable。

	星期一	星期二	星期三	星期四	星期五	星期六	星期日
上午 7:00							
上午 8:00							
上午 9:00							
上午 10:00							
上午 11:00							
下午 12:00							
下午 1:00							
下午 2:00							
下午 3:00							
下午 4:00							
下午 5:00							
下午 6:00							
下午 7:00							
下午 8:00							
下午 9:00							
下午 10:00							
下午 11:00							

分心追蹤表

（請參考第九章的說明）

時間	分心行為	感受如何	內在	外在	計畫問題	想法
8:15	查看新聞	焦慮	×			衝動衝浪
9:32	去 Google 上瀏覽而不寫作	挫折	×			設定一個期限，看我是否能夠在那之前完成

《專注力協定》讀書會討論指南

現在你可以一邊討論你從《專注力協定》一書得到什麼收穫，一邊促進跟朋友們之間的感情。這些問題的目的是針對書中提過的主題，引發全面性且具有意義的討論，邀請幾位朋友加入吧，從隨意的談話開始，聊聊生產力、習慣、價值觀、科技，開展一段熱烈的對話。

1. 在書中，尼爾提到三個生活領域：你自己、人際關係以及工作。很多時候，我們會在某個生活領域花費太多的時間，犧牲了其他生活領域的時間。你最想改善的生活領域是哪一個？為什麼？

2. 《專注力協定》裡面有非常顛覆傳統的獨到見解，其中有沒有哪些改變了你的想法呢？你最驚訝的是哪一點？

3. 想想看，哪三種分心行為最常干擾你，讓你無法達成想完成的事？你又最常受哪三個外在誘因影響呢？要記得，內在誘因從內心開始暗示我們，而外在誘因指的是環境給的暗示。

4. 透過把一項看似無聊又重複的工作重新構思而產生趣味性和玩樂，可以讓我們從不適感當中解脫，試想你生活中或是工作上一項並不算太吸引人的工作，你可以如何把它重新構思（或是加入一些限制），來讓它變得有趣？

5. 關於待辦事項清單，尼爾所提出的觀點相當極端，他宣稱待辦事項的清單具有「嚴重的缺失」，你是否同意他的想法呢？原因何在？

6. 身為一個年幼女兒的父親，打造一個歡樂罐，讓尼爾符合他想要成為一個高參與度的父親這樣的目標。哪五項活動一定會被放在你的歡樂罐裡面？

7. 讓你的行事曆符合你的價值觀，這一點對於完成具有引力的事情至關重要。試著去幻想一下，用時間箱填滿的理想的一天，你會怎麼使用你的時間？你要怎麼替自己、替你的人際關係，以及替你的工作「把所重視的事情換算成時間」？

8. 價值觀並不是你的最終目標，而是讓你的行為有個準則，哪三項或哪五項是你最重要的價值觀？

9. 研究顯示，現代的工作環境，尤其是開放式的辦公空間，經常是導致分心的來源，你是否同意？

10. 工作時分心在所難免，即便是你在家遠端作業。從聊天群組到電子郵件、手機，這些全部都可能讓我們偏離正軌，你會怎麼在每天的苦差事中，讓不被打斷地工作，變成最優先的事情？

11. 在這本書中我們學到，身分認同並非是一成不變的，就跟習慣一樣，我們可以決定自己的身分認同是什麼，並且努力去創造一個更正面的自我形象，有哪些習慣是你一直都很想改掉的呢？你可以怎麼做，來創造新的身分認同，並且自我賦權，讓自己成功做到？

12. 尼爾寫道：「限制提供了一個架構給我們，沒有任何限制的話，則讓我們面對抉擇的暴行，並受其折磨」請舉一個例子，描述限制是如何用正面的方式，提供了一個架構給我們？

13. 改變行為很困難，失敗在所難免，知道怎麼從失敗中振作，這點非常重要。你過去是怎麼從失敗的經驗中振作起來的呢？

14. 網路（包含社群媒體）可能會是一種內容漩渦，針對你目前在網路上攝取這些內容的習慣，你想要如何改變？你想要養成什麼樣的習慣來改善你跟它們的關係呢？

15. 尼爾分享了一張蠻長的清單，上面是他最喜歡用的方法，可以打擊在線上的分心行為。（例如：刪掉臉書動態牆，使用專注森林這種有助於提高生產力的app）

16. 研究人員指出，我們需要三種心理上的營養素才能好好發展：自主權、勝任感以及歸屬感，這三種營養素之中，哪一種對你而言是最重要的？為什麼？而你目前缺乏哪一種營養素呢？

17. 科技的進步經常會導致懼怕和恐慌（去想想看自動駕駛的車輛、AI、虛擬實境，甚至是社群媒體），你認為原因何在？

18. 告訴大家一件你該做，卻常常未去做的事情（可能是跳掉健身房，或是去執行其他的計畫）根據心無旁騖模型中的四個步驟，你可以做出什麼樣的改變，讓自己說到做到？

19. 根據一項調查，三分之一的美國人寧願一年沒有性行為，也不要一整年不用手機。你會選擇哪一個呢？為什麼？

20. 你對於過著心無旁騖的生活之定義是什麼？

致謝

《專注力協定》花費了超過五年才完成，期間有非常多人，他們對這個專案的貢獻值得感謝。

首先，我向我的生意夥伴和人生伴侶 Julie Li 致上最深的謝意。她對這個案子所做出的貢獻難以計量。Julie 讓我分享我們婚姻中私密的故事，也一直協助我測試我的想法和方法，並且花了非常多的時間，讓這本書變得更好。整個過程是我們攜手走過的，而她也鼓舞了我，是她給了我動力，讓我想成為更好的人。

接著，要跟我的女兒 Jasmine 說聲謝謝，她不只提供了成為心無旁鶩的人之靈感，還（用她十歲的方式）在選書名、封面設計以及書的行銷上，幫了非常多的忙。

還有，當然要感謝我的父母，Ronit 和 Victor，以及我的岳父岳母 Anne 和 Paul，謝謝他們的鼓勵。他們對於我的每一項瘋狂計畫的支持和熱情，對我而言非常重要。

感謝那些有勇氣的人們，在我撰寫的初期就閱讀我非常粗略的草稿。謝謝 Eric Barker、Caitlin Bauer、Gaia Bernstein、Jonathan Bolden、Cara Cannella、Linda Cyr、Geraldine DeRuiter、Kyle Eschenroeder、Monique Eyal、Omer Eyal、

Rand Fishkin、Jose Hamilton、Wes Kao、Josh Kaufman、Carey Kolaja、Carl Marci、Jason Ogle、Ross Overline、Taylor Pearson、Jillian Richardson、Alexandra Samuel、Oren Shapira、Vikas Singhal、Shane Snow、Charles Wang 以及 Andrew Zimmermann。閱讀我那麼前期的草稿是件苦差事，而對於你們所提供的那些周全縝密的意見和想法，千言萬語，不及言謝。

謝謝 Christy Fletcher 以及她的團隊，感謝他們頂尖的經紀能力，Christy 是位非常好的經紀人，她給了我建議和友誼，我欠她一籮筐的感謝。謝謝你們，Melissa Chinchillo、Grainne Fox、Sarah Fuentes、Veronica Goldstein、Elizabeth Resnick，以及 Fletcher & Co. 的 Alyssa Taylor。

我也想要感謝 Audible 的 Stacy Creamer，以及 BenBella 的團隊，包括 Sarah Avinger、Heather Butterfield、Jennifer Canzoneri、Lise Engel、Stephanie Gorton、Aida Herrera、Alicia Kania、Adrienne Lang、Monica Lowry、Vy Tran、Susan Welte、Leah Wilson 以及 Glenn Yeffeth，謝謝他們讓這本書得見於市。

Bloomsbury 的編輯 Alexis Kirschbaum，對於任何作者而言，都是最佳的編輯，在所有期待之上，她是讓這本書變得更好的關鍵。她和她的同事，包括 Hermione Davis、Thi Dinh、Genevieve Nelsson、Andy Palmer、Genista Tate-Alexander 以及

Angelique Tran Van Sang，都值得我表達誠摯的謝意。

謝謝下列幾位為《專注力協定》做研究、編輯和潤稿上的幫助：Karen Beattie、Matthew Gartland、Jonah Lehrer、Janna Marlies Maron、Mickayla Mazutinec、Paulette Perhach、Chelsea Robertson、Ray Sylvester 以及 Anne Marie Ward。

特別感謝 Thomas Kjemperud 和 Andrea Schumann，謝謝他們協助 NirAndFar.com. 網站的營運。也謝謝 Carla Cruttenden、Damon Nofar 和 Brett Red，這本書裡的圖表都要謝謝他們，感謝 Rafael Arizaga Vaca 在我已經數不清的計畫中幫助我，我再怎麼說都無法表達對這些美好人們的感謝之情！

接著，我要感謝以下的人在道德上以及智識上的支持：Arianna Huffington，她對這個計畫充滿了熱忱；Mark Manson、Taylor Pearson 和 Steve Kamb，他們一直是跟我一起工作的好夥伴，並且幫助我在寫這本書的時候保持專心；Adam Gazzaley 慷慨提供了 indistractable.com 的網域；還有 James Clear、Ryan Holiday、David Kadavy、Fernanda Neute、Shane Parrish、Kim Raices、Gretchen Rubin、Tim Urban、Vanessa Van Edwards、Alexandra Watkins 以及 Ryan Williams，跟我分享了他們的見解與絕妙的建議。

我無疑漏掉了一些非常重要的人，出於我的健忘，我請求你們允許我援引漢隆剃刀定理：「如果可以合理解釋成愚蠢的，那麼就不要解釋為惡意。」我很抱歉，並且非常感謝。

最後，也是最重要的，謝謝你，讀者，感謝你花費寶貴的時間和注意力在這本書上，這對我而言意義深重，如果我有幫得上忙的地方，歡迎聯絡我 NirAndFar.com/Contact。

貢獻者

感謝下列這些我部落格上忠實的訂閱者，感謝他們一起幫我編修《專注力協定》，他們的看法、建議以及鼓勵對於這本書的完成非常重要。

Reed Abbott
Shira Abel
Zalman Abraham
Eveline van Acquoij
Daniel Adeyemi
Patrick Adiaheno
Sachin Agarwal
Avneep Aggarwal
Vineet Aggarwal
Abhishek Kumar Agrahari
Neetu Agrawal
Sonali Agrawal
Syed Ahmed
Matteus Åesson
Stephen Akomolafe
Alessandra Albano
Chrissy Allan
Patricia De Almeida
Hagit Alon
Bos Alvertos
Erica Amalfitano
Mateus Gundlach Ambros
Iuliia Ankudynova
Tarkan Anlar
Lauren Antonoff
Jeremi Walewicz Antonowicz
Kavita Appachu
Yasmin Aristizabal
Lara Ashmore
Aby Atilola
Jeanne Audino
Jennifer Ayers
Marcelo Schenk de Azambuja
Xavier Baars
Deepinder Singh Babbar
Rupert Bacon
Shampa Bagchi
Warren Baker
Tamar Balkin
Giacomo Barbieri
Surendra Bashani
Asya Bashina
Omri Baumer
Jeff Beckmen
Walid Belballi
Jonathan Bennun
Muna Benthami
Gael Bergeron
Abhishek Bhardwaj
Kunal Bhatia
Marc Biemer
Olia Birulia
Nancy Black
Eden Blackwell
Charlotte Blank
Kelli Blum
Rachel Bodnar
Stephan Borg

Mia Bourgeois
Charles Brewer
Sam Brinson
Michele Brown
Ryan Brown
Jesse Brown
Sarah E. Brown
Michelle E. Brownstein
John Bryan
Renée Buchanan
Scott Bundgaard
Steve Burnel
Michael Burroughs
Tamar Burton
Jessica Cameron
Jerome Cance
Jim Canterucci
Ryan Capple
Savannah Carlin
James Carman
Karla H. Carpenter
Margarida Carvalho
Anthony Catanese
Shubha Chakravarthy
Karthy Chandra
Joseph Chang
Jay Chaplin
David Chau
Janet Y. Chen
Ari Cheskes
Dennis Chirwa
Kristina Yuh-Wen Chou
Ingrid Choy-Harris
William Chu
Michelle M. Chu
Jay Chung
Matthew Cinelli
Sergiu Vlad Ciurescu
Trevor Claiborne
Kay Krystal Clopton
Heather Cloward
Lilia M. Coburn
Pip Cody
Michele Helene Cohen
Luis Colin
Abi Collins
Kerry Cooper
Dave Cooper
Simon Coxon
Carla Cruttenden
Dmitrii Cucleschin
Patrick Cullen
Leo Cunningham
Gennaro Cuofano
Ed Cutshaw
Larry Czerwonka
Lloyd D Silva
Jonathan Dadone
Sharon F. Danzger
Kyle Huff David
Lulu Davies
James Davis Jr.
Joel Davis
Cameron Deemer
Stephen Delaney
Keval D. Desai
Ankit S. Dhingra
Manuel Dianese
Jorge Dieguez
Lisa Hendry Dillon
Sam Dix
Lindsay Donaire
Ingrid Elise Dorai-Rekaa
Tom Droste
Nan Duangnapa
Scott Dunlap
Akhilesh Reddy Dwarampudi
Swapnil Dwivedi
Daniel Edman
Anders Eidergard
Dudi Einey
Max Elander
Ori Elisar
Katie Elliott
Gary Engel

David Ensor
Eszter Erdelyi
Ozge Ergen
Bec Evans
David Evans
Shirley Evans
Jeff Evernham
Kimberly Fandino
Kathlyn Farrell
Hannah Farrow
Michael Ferguson
Nissanka Fernando
Margaret Fero
Kyra Fillmore
Yegor Filonov
Fabian Fischer
Jai Flicker
Collin Flotta
Michael Flynn
Kaleigh Flynn
Gio Focaraccio
Ivan Foong
Michael A. Foster II
Martin Foster
Jonathan Freedman
Heather Friedland
Janine Fusco
Pooja V. Gaikwad
Mario Alberto Galindo
Mary Gallotta
Zander Galloway
Sandra Gannon
Angelica Garcia
Anyssa Sebia Garza
Allegra Gee
Tom Gilheany
Raji Gill
Scott Gillespie
Scott Gilly
Wendell Gingerich
Kevin Glynn
Paula Godar
Jeroen Goddijn
Anthony Gold
Dan Goldman
Miguel H. Gonzalez
Sandra Catalina Gonález
Vijay Gopalakrishnan
Herve Le Gouguec
Nicholas Gracilla
Charlie Graham
Timothy L. Graham
Shawn Green
Chris Greene
Jennifer Griffin
Dani Grodsky
Rebecca Groner
Saksham Grover
Alcide Guillory III
Roberta Guise
Anjana Gummadivalli
Matt Gummow
Amit Gupta
John Haggerty
Martin Haiek
Lance Haley
Thomas Hallgren
Eric Hamilton
Caroline Hane-Weijman
Nickie Harber-FrankartP
Julie Harris
Sophie Hart
Daniel Hegman
Christopher Heiser
Lisa Helminiak
Alecia Helton
Mauricio Hess-Flores
Holly Hester-Reilly
Andrea Hill
Neeraj Hirani
Isabella Catarina Hirt
Charlotte Jane Ho
Ian Hoch
Travis Hodges
Jason Hoenich
Alex J. Holte

Abi Hough
Mary Howland
Evan Huggins
Nathan Hull
Novianta L. T. Hutagalung
Marc Inzelstein
Varun Iyer
Britni Jackson
Mahaveer Jain
Abdellah Janid
Anne Janzer
Emilio Jldrez
Debbie Jenkins
Alexandre Jeong
Amy M. Jones
Daniela Jones
Peter Jotanovic
Cindy Joung
Sarah Jukes
Steve Jungmann
Rocel Ann Junio
Kevin Just
Ahsan Kabir
Ariel Kahan
Sina Kahen
Sarah Kajani
Angela Kapdan
Shaheen Karodia
Irene Jena Karthik
Melissa Kaufmann
Gagandeep Kaur
Megan Keane
J. Bavani Kehoe
Karen Kelvie
Erik Kemper
Raye Keslensky
Jenny Shaw Kessler
Jeremy C. Kester
Kirk Ketefian
Nathan Khakshouri
Sarah Khalid
Sam Kirk
Rachel Kirton
Vinod Kizhakke
Samuel Koch
Alaina Koerber
Sai Prabhu Konchada
Jason Koprowski
Basavaraj Koti
Yannis Koutavas
David Kozisek
Aditya Kshirsagar
Ezekiel Kuang
Craig Kulyk
Ram Kunda
Ravi Kurani
Chris Kurdziel
Dimitry Kushelevsky
John Kvasnic
Jonathan Lai
Michael J. Lally
Roy Lamphier
Craig Lancaster
Niklas Laninge
Simon Lapscher
Angelo Larocca
Norman Law
Olga Lefter
Tory Leggat
Ieva Lekaviciute
Audrey Leung
Viviana Leveghi
Isaac E. H. Lewis
Belly Li
Sammy Chen Li
Philip Li
Robert Liebert
Brendan Lim
Carissa Lintao
Ross Lloyd Lipschitz
Mitchell Lisle
Mike Sho Liu
Shelly Eisen Livneh
John Loftus
Philip K. Lohr
Sune Lomholt
Sean Long
Alexis Longinotti
Glen Lubbert

Ana Lugard
Kenda Macdonald
Boykie Mackay
Andy Maes
Kristof Maeyens
Lisa Maldonado
Amin Malik
Danielle Manello
Frank Manue Jr.
Dan Mark
Kendra Markle
Ben Marland
Rob Marois
Judy Marshall
Levi Mrten
Denise J. Martin
Megan Martin
Kristina Corzine Martinez
Saji Maruthurkkara
Laurent Mascherpa
Mark Mavroudis
Ronny Max
Eva A. May
Lisa McCormack
Gary McCue
Michael McGee
Robert McGovern
Lyle McKeany
Sarah McKee
Marisa McKently
Erik van Mechelen
Hoda Mehr
Jonathan Melhuish
Sheetal G. Melwani
Ketriel J. Mendy
Valerae Mercury
Andreia Mesquita
Johan Meyer
Kaustubh S. Mhatre
Stphanie Michaux
Ivory Miller
Jason Ming
Al Ming
Jan Miofsky
Ahmed A. Mirza
Peter Mitchell
Mika Mitoko
Meliza Mitra
Subarna Mitra
Aditya Morarka
Amina Moreau
David Morgan
Renee F. Morris
Matthew Morrisson
Alexandra Moxin
Alex Moy
Brian Muldowney
Namrata Mundhra
Jake Munsey
Mihnea Munteanu
Kevin C. Murray
Serdar Muslu
Karan Naik
Isabelle Di Nallo
Jeroen Nas
Vaishakhi Nayar
Jordan Naylor
Christine Neff
Jamie Nelson
Kemar Newell
Lewis Kang'ethe Ngugi
Chi Gia Nguyen
Christopher Nheu
Gerard Nielsen
Adam Noall
Tim Noetzel
Jason Nokes
Craig Norman
Chris Novell
Thomas O'Duffy
Scott Oakes
Cheily Ochoa
Leon Odey-Knight
Kelechi Okorie
Oluwatobi Oladiran
Valary Oleinik
Sue Olsen
Alan Olson

Gwendolyn Olton
Maaike Ono-Boots
Brian Ostergaard
Roland Osvath
Renz Pacheco
Nina Pacifico
Sumit Pahwa
Girri M. Palaniyapan
Vishal Kumar Pallerla
Rohit Pant
Chris V. Papadimitriou
Nick Pape
Divya Parekh
Rich Paret
Alicia Park
Aaron Parker
Steve Parkinson
Mizue Parrott
Lomit Patel
Manish Patel
Swati Patil
Jon Pederson
Alon Peled
Rodaan Peralta-Rabang
Marco Perlman
Christina Diem Pham
Hung Phan
Ana Pischl
Keshav Pitani
Rose La Prairie
Indira Pranabudi
Anne Curi Preisig
Julie Price
Martin Pritchard
Rungsun Promprasith
Krzysztof Przybylski
Edmundas Pukorius
Clin Pupz
Daisy Qin
Lien Quach
Colin Raab
Kelly Ragle
Ruta Raju
Lalit Raju
Kim Ramirez
Prashanthi Ravanavarapu
Gustavo Razzetti
Omar Regalado
Scott W. Rencher
Brian Rensing
Joel Rigler
Michelle Riley
Gina Riley
Ioana Rill
Mark Rimkus
Cinzia Rinelli
Chelsea Lyn Robertson
Bridgitt Ann Robertson
Reigh Robitaille
Cynthia Rodriguez
Annette Rodriguez
Charles Franois Roels
Linda Rolf
Edgar Roman
Mathieu Romary
Jamie Rosen
Al Rosenberg
Joy Rosenstein
Christian R
Megan Rounds
Ruzanna Rozman
Isabel Russ
Mark Ruthman
Samantha Ryan
Alex Ryan
Kimberly Ryan
Jan Saarmann
Guy Saban
Victoria Sakal
Luis Saldana
Daniel Tarrago Salengue
Gabriel Michael Salim
Jessica Salisbury

Rick Salsa
Francesco Sanavio
Antonio J. Martinez Sanchez
Moses Sangobiyi
Julia Saxena
Stephanie Schiller
Lynnsey Schneider
Kirk Schueler
Katherine Schuetzner
Jon Seaton
Addy Suhairi Selamat
Vishal Shah
Shashi Sharma
Keshav Sharma
Ruchil Sharma
Ashley Sheinwald
Stephanie Sher
Jing Han Shiau
Claire Shields
Greg Shove
Karen Shue
Kome Sideso
David Marc Siegel
Dan Silberberg
Bianca Silva
Mindy Silva
Brian L. Silva
Zach Simon
Raymond Sims
Shiv Sivaguru
Malin Sjstrand
Antoine Smets
Sarah Soha
Steven Sohcot
Kaisa Soininen
David Spencer
James Taylor Stables
Kurt Stangl
Laurel Stanley
John A. Starmer
Juliano Statdlober
Christin Staubo
Ihor Stecko
Nick Di Stefano
Murray Steinman
Alexander Stempel
Seth Sternberg
Anthony Sterns
Shelby Stewart
Adam Stoltz
Alan Stout
Carmela Stricklett
Scott Stroud
Swetha Suresh
Sarah Surrette
Cathleen Swallow
Bryan Sykes
Eric Szulc
Lilla Tagai
Michel Tagami
J. P. Tanner
Shantanu Tarey
Claire Tatro
Harry E. Tawil
Noreen Teoh
C. J. Terral
Amanda Tersigni
Matt Tharp
Nay Thein
Brenton Thornicroft
Julianne Tillmann
Edwin Tin
Avegail Tizon
Zak Tomich
Roger Toor
Anders Toxboe
Jimmy Tran
Tom Trebes
Artem Troinoi
Justin Trugman
Kacy Turelli
Kunal Haresh Udani
Christian von Uffel
Jason Ugie
Matt Ulrich
Branislav Vajagi
Lionel Zivan Valdellon
Steve Valiquette

Jared Vallejo
Ren Van der Veer
Anulekha Venkatram
Poornima Vijayashanker
Claire Viskovic
Brigit Vucic
Thuy Vuong
Sean Wachsman
Maurizio Wagenhaus
Amelia Bland Waller
Shelley Walsh
Trish Ward
Levi Warvel
Kafi Waters
Adam Waxman
Jennifer Wei
Robin Tim Weis
Patrick Wells
Gabriel Werlich
Scott Wheelwright
Ed Wieczorek
Ward van de Wiel
Hannah Mary Williams
Robert Williger
Jean Gaddy Wilson
Rob Wilson
Claire Winter
Trevor Witt
Fanny Wu
Alex Wykoff
Maria Xenidou
Raj Yadav
Josephine Yap
Arsalan Yarveisi
Yoav Yechiam
Andrew Yee
Paul Anthony Yu
Mohamad Izwan Zakaria
Jeannie Zapanta
Anna Zaremba
Renee Zau
Ari Zelmanow
Linda Zespy
Fei Zheng
Rona Zhou
Lotte Zwijnenburg

Big 0324

專注力協定：史丹佛教授教你消除逃避心理，自然而然變專注。

作　　者—尼爾．艾歐 (Nir Eyal)、李茱莉 (Julie Li)
譯　　者—陳映竹
主　　編—陳家仁
編　　輯—黃凱怡
特約編輯—聞若婷
企　　劃—藍秋惠
封面設計—陳恩安
版面設計—賴麗月
內頁排版—林鳳鳳

第一編輯部總編輯—胡金倫
董 事 長—趙政岷
出 版 者—時報文化出版企業股份有限公司
108019台北市和平西路三段240號4樓
發行專線—（02）2306-6842
讀者服務專線—0800-231-705、（02）2304-7103
讀者服務傳真—（02）2302-7844
郵撥—19344724時報文化出版公司
信箱—10899臺北華江橋郵政第99信箱
時報悅讀網—http://www.readingtimes.com.tw
法律顧問—理律法律事務所 陳長文律師、李念祖律師
印　　刷—勁達印刷有限公司
初版一刷—2020年3月13日
初版十一刷—2023年9月5日
定　　價—新台幣420元

時報文化出版公司成立於一九七五年，
並於一九九九年股票上櫃公開發行，於二〇〇八年脫離中時集團非屬旺中，
以「尊重智慧與創意的文化事業」為信念。

ISBN 978-957-13-8101-5
Printed in Taiwan

專注力協定：史丹佛教授教你消除逃避心理,自然而然變專注。/
尼爾.艾歐(Nir Eyal), 李茱莉著；陳映竹譯. -- 初版. -- 臺北市：時報
文化, 2020.03
面；　公分. -- (Big ; 324)
譯自：Indistractable : how to control your attention and choose your life
ISBN 978-957-13-8101-5(平裝)

1.注意力 2.成功法

176.32　　109001503